彝族文化研究中心重点课题
四川师范大学资助出版

彝族教育现代化的发展与困境

——凉山彝族的个案研究

阿呷热哈莫　著

科学出版社
北　京

内 容 简 介

　　本书的作者是一位曾在彝族农村地区从事多年乡村教育的彝族教师。作者对不同年龄、职业、阶层的彝族人及该地区汉族人进行了大量访谈，从资本全球化、国家现代化与民族发展这三股力量的拉扯与较量入手，勾勒出了彝族地区教育现代化的全貌和机理。

　　本书梳理了彝族教育现代化的发展历程，归纳其发展特征，探讨当前彝族教育存在的发展困境，并对少数民族教育现代化的内涵重新进行阐释和解读。

　　本书是一本集社会学、人类学和教育学理论为一体的学术著作，可供从事少数民族教育和民族社会发展问题研究的学者参考。

图书在版编目（CIP）数据

彝族教育现代化的发展与困境：凉山彝族的个案研究 / 阿呷热哈莫著. —北京：科学出版社，2018.5
　　ISBN 978-7-03-050845-4

　　Ⅰ. ①彝⋯　Ⅱ. ①阿⋯　Ⅲ. ①彝族-少数民族教育-教育现代化-研究-凉山彝族自治州　Ⅳ. ①G759.2

　　中国版本图书馆 CIP 数据核字（2016）第 289629 号

责任编辑：乔宇尚 / 责任校对：何艳萍
责任印制：张欣秀 / 封面设计：楠竹文化

科 学 出 版 社 出版
北京东黄城根北街 16 号
邮政编码：100717
http://www.sciencep.com
北京建宏印刷有限公司印刷
科学出版社发行　各地新华书店经销

*

2018 年 5 月第 一 版　开本：720×1000 B5
2018 年 5 月第一次印刷　印张：13
字数：181 000
定价：79.00 元

（如有印装质量问题，我社负责调换）

序 一

一直关注阿呷的故事和研究。

丙申年春节后，花两整天时间读完阿呷的书稿，不禁感慨，阿呷的新作既是叙事也是咏叹！阅读中，一方面，我一直在梳理她所关注的议题，那些严肃的、理性的陈述和言说，她的观点鲜明，立场坚定；另一方面，也一直沉浸在她所讲的故事中，她叙说延绵彝族百年时代变迁和"现代教育"的经历，有许多意想不到的情节、人物和场景。例如，麻风村的学校，当地人的"烧山"，以及双语教师的坚守，带给我不断起伏的情感体验，有喜，有忧，有悲，有叹，五味杂陈！惊喜和感叹的是，大多数故事场景里有阿呷。

读罢，便想说说自己的读后感。

一

少数民族的教育现代化是一个什么样的历程？

现代学校教育，实际上是现代性或现代化的代理机构，目的是在变迁的社会中，担负着把年轻一代从"荒蛮"传统社会引向现代社会的责任，据说那里是理性和自由浸润的"苗圃"或"花园"。

阿呷以凉山彝族聚居区甘洛县为例，首先描述了 20 世纪 50 年代以来，凉山彝族的社会变革的历程，即以"家支"为基础的地方自治（1956年以前）、社会集体主义（1956—1978年）、市场经济（1978年后）三个阶段。其间，彝族的"教育现代化"相应分为四个时期：民主改革之后的凉山彝族逐渐形成"上学习惯"，20世纪60—70年代的"教育大起大落"时期，20世纪80—90年代末努力克服语言、文化障碍成为"国家干部"的时期，以及2000年以后教育选择和学生打工潮出现。而第四个时期，则是彝族教育出现了反现代征兆，阿呷在书中把"反现代性"看作"在现代化过程中少数民族教育出现的迷茫、矛盾及排异、反抗等状态和结果"。

在彝族教育现代化中，阿呷作为彝族学生、教师、研究者，她几乎有各个阶段在场的经历和经验。从开学第一天老师给彝族孩子取汉字名字开始，经历彝汉双语教育的由兴到衰，教育的期盼由"争取当干部"到"反正都外出打工"的无目标状态，乡村教师从主动进取到无奈留守。作者描述了一个奇特的现象：家长、国家和社会越是前所未有地重视学校教育、加大教育投入，受教育者在学校就越是无聊、茫然，甚至学业成绩依旧低下……国家的办学和助学"热情"和少数民族学生对学校的"集体逃离"形成巨大的反差效应。

就教育的"反现代性"出现的时间节点和原因，作者反复提及，即20世纪90年代末期开始的教育与市场并轨的一系列"改革"。例如，取消了中专就业分配制度，加之全球化经济发展带来的利益驱动，一时间出现了大量辍学学生，为全国乃至全球最低端的劳动力市场输血。之前，为了成为国家干部努力克服语言、文化障碍，如今获得国家干部身份的教育目标和路径就此堵塞。彝族每一户普通家庭的上学和打工故事都讲述着这些家庭在现代化浪潮中最现实、最具体的挣扎与选择。

二

彝族教育，亦即少数民族教育到底存在什么问题？这些问题导致了什么样的后果？阿呷的思考和描述的笔触是痛苦和深刻的。

阿呷没有就教育谈教育，她把彝族教育置于资本全球化、国家现代化与少数民族发展的历史动态演变的场景中聚焦问题：在历史上几乎没有学校教育的彝族，现代教育是如何在资本全球化、国家现代化、民族发展这三股力量中生成、发展及遭遇困境的？弱势群体在教育现代化进程中表现了何种样态的挣扎与抗争？

阿呷的描述和分析中，有许多一语中的或一针见血的分析和判断：全球化过程的末端是廉价劳动力，资本需要最低端的劳动力，但是资本和资本家不带任何劳动者，特别是少数民族劳动者"发展"。资本拒绝少数民族劳动者的理由充满了现代化的冠冕堂皇：没有文化、素质低、不讲道理、不干净。这些理由，又成为国家教育现代化进程的"心病"和"短板"，全球化资本和国家现代化在这样的言说中达成了高度一致。

在阿呷看来，彝族的现代化必然是一场充满冲突的社会变迁发展过程，她把凉山彝族社会的对抗与冲突划分为三类：一是等级冲突，主要表现在彝族族群内部；二是民族关系，主要体现在彝族与汉族之间；三是资本主义全球化引发的对抗与冲突。在书中，她一一分析了不同类型的冲突并指出，国家社会主义新型政治制度和市场经济的建立，都使得以前以血缘结构为核心的彝族社会政治结构功能减弱或丧失，人们不再像传统社会凡事依靠"家支"来生存，彝族社会从传统的等级冲突中逐渐解脱出来。

学校和教育，只是社会冲突的一个可见的镜像。教育现代化，更是一个吸引和促动后发展族群和国家的推力。阿呷清晰地看到，现代化从开始之初，便将少数民族作为发展的对象，并计划通过现代教育来实现民族的发展与富强。

在这个"教育现代化"幻象中，少数民族试图通过学校教育从"荒野"走向"园艺"，从野蛮走向现代文明。然而，真实的教育现代化并不是理性的创造物，也不是人类知识革命的产物，现代教育并未将少数民族从"荒野"带到"园艺"，而是将其带入了另一个"未知"地带，这里是民族语言、民族文化和民族精神的未知地带，是希望和发展的未知地带。

阿呷指出，教育现代化进程并未对那些出现的冲突和差异性做好防范准备，也未找到合适的补救机制。因而结果便是："有书读"和"读好书"成为不可相交的平行线。那些具有语言文化差异、民族和性别差异、年龄差异、家庭条件差异的学生，可能变成越来越差也越来越不喜欢读书的学生，年轻一代竞争力的缺乏，则是父母怀疑学校教育有用性的主要原因。

三

少数民族教育和发展出路在哪里？

阿呷，是一位从彝族乡村教师走出来的学者，也是彝族第一位教育学女博士，是一位把研究与生活、生命和使命紧密连接起来的学者。她从生命经验出发，提出了几条重要的行动原则：民族认同、赋权、文化自觉和多元文化教育。

民族认同，不仅仅有一种抵抗优势文化挤压的心理功能，更能为民族的发展方向和生活原则提供正当性依据。认同是人类行为与动力的持久源泉，它坚定了人们对自己的看法。又从他们与他人的关系中，派生出生命的意义。而教育现代化并非一个让学校与学生身份进行分离的场域。学校应该是一个能让少数民族学生身份得到尊重，并能自由、自信地表达自己身份的场所。

赋权，包含着能动性和创造性。少数民族对现代教育的理解、接受应该是以其主体性、积极性的充分发挥为前提的。同时，少数民族教育困境的突破需要把一定程度上的消极策略转换成积极策略，使其有利于民族自身教育发展。

文化自觉，是人们对自身文化生命与社会生命的自觉意识和自我觉解，体现出对于自己所处的生活关系、生存命运、生命追求的理性审视和自主选择。例如，教育的评价权力交给少数民族学校、教师和学生。

多元文化教育，阿呷对其必要性的理解是，"一种没有受到普遍尊重的文化，其成员的尊严与自尊自然会受到威胁，而一种文化衰败或受到歧视，导致其成员所面临的选择和机遇减少，成功的可能性降低。少数民族文化价值没有得到充分的肯定，自然强化了民族文化的弱势地位并进而形成了学生的自卑和不自信，于是学生用自己早期的社会经验和不同的资源来回应现代国家的教育目标和方法，形成了对抗学校教育的策略"。她还指出，彝族地区学生普遍的低学业成就和高辍学率在某种程度上是现代教育同化结果造成的。

阿呷强调，现代教育不应该是补救措施，不应该是无差别教育带来的差别后果；现代教育要为民族认同提供正当性的依据和土壤。

阿呷的原则及理论资源，我都接触过，并曾沉溺其中，我理解她的出发点和初衷。

作为彝族的女儿、母亲，作为教师和教育研究者，阿呷和"阿呷们"最大的悲哀可能是"我们的热情，我们对工作的热爱，随着现代教育的时间轨迹，一点点消失殆尽"。

四

批判的工具和工具的批判。

阅读中，我在有意梳理滋养阿呷这项研究的思想和理论资源。

在书中，我读到了马克思和马克思主义。看到了彝族民主改革时期，阶级和阶级实践的力道；在当代，马克思对资本属性的分析，也成为该研究分析全球化和现代化批判的理论资源，特别是分析全球化劳动分工："资本的普遍趋势是在一切成为流通的前提，成为流通的生产中心的地点，把这些地点加以同化，也就是把它们变为进行资本化生产的地点或生产资本的地点。这种传播文明的趋势是资本特有的，这和以往的生产条件不同。"

此外，阿呷读了非常多的有关民族研究、认同研究、现代性理论和冲突理论的书籍，梳理了国内外许多经典的研究。作为专业同行，我是叹服的；作为全球化危机世界中的驻足者，我和阿呷在内，我们内心不平静的是，2016 年伊始，瞬息变化的世界，频频出现重大的政治和经济危机，升级了的地区、阶级、族群和党派的论战和冲突，仿佛都在嘲笑和挑战昨日一个个华美精致的理论庙堂。复杂变幻的现实走在理论前面，是必然，也是好事情，它会让我们更小心地看待各种理论的内在矛盾，静观这些理论与现实的碰撞。

然而，不能静观尘埃落定后才行动，现代社会所有变革的行动都包含未知、冲动和冒险，即使看似"保守"的教育也不例外。

理论的力量，不在于信仰或信念意涵，而在于对世界的解释力；理想的力量，不在于解释和炫耀，而在于行动，特别是持续坚定的行动，其中包含有力量的理论指引。

谢谢并祝福阿呷，在书中看到了她的信念和力量。

郑新蓉

2016 年 2 月 16 日于京师园

序　二

改革开放以来，中国各级政府非常重视教育，从幼儿园到博士后，每个层次的在校生比例不断增加，国家在硬件、师资、教材各方面的投资一直在提高。中国在国际上的教育竞争力凸显，上海学生在国际学生评估项目（PISA）测试中遥遥领先，百万中国学生留学海外，国内高校的国际排名持续靠前。如果说中华人民共和国成立初期普及基础教育是中国教育革命的第一阶段，我们不妨说20世纪80年代后，尤其是2000年后教育革命的第二阶段已完成了，然而，部分少数民族地区的发展要滞后一些。

为什么拥有一亿人口的少数民族中的大部分，直到21世纪之初，才完成普及基础教育的目标，其他教育目标，如发展民族语言教育和双语双文教育，用教育提高少数民族社会地位、经济收入、生活水平的目标仍然停滞在初级阶段，且经过国家、教师、学生60多年的努力和近年大量投资，还停留在未能实现目标的困境？

当然，自然条件、经济水平、文化差异等社会因素是答案的一部分，但真实的原因远比想象得要复杂。此外，每个民族、每个地区情况各异，教育障碍特殊，如果愿意提出综合解释，我们将面临彻底的改革，也承担着改革带来的风险。为了真正改革少数民族教育，我们需要长期钻研，多思考、多交谈、多分析各个地方的特殊情况。总而言之，我们需要教育民族志。

我认识阿呷热哈莫是在 2012 年年初，当时我准备去凉山彝族自治州盐源县继续考察羊圈小学的情况。12 年以前，我与一批中国彝族、汉族和外国朋友们帮该县白乌镇羊圈、偏水两个自然村的居民建立"羊圈小学"，给之前受教育较少的孩子提供好的读书机会。小学建立后，颇有成效。2000 年建校，2005 年第一届毕业生中有一部分毕业生升入初中，2008 年有一部分初中毕业。2012 年我去羊圈村的时候已经有 11 位羊圈小学毕业生读到大学专科，一位女生读到本科数学专业。当时阿呷是北京师范大学博士候选人，准备回故乡甘洛做实地调查。她听说过羊圈，写邮件问我可否有机会去考察。我一收到邮件就答应了，我们安排寒假后一起去凉山学校，先去盐源，后去甘洛。

在田野调查期间，我开始了解阿呷的背景。她 19 岁中师毕业后当了甘洛"黑彝地区"的村小老师，后来调到"白彝地区"的中心校。当了几年小学老师后，没接受过正规大学教育的她考上了四川师范大学的研究生，毕业后又回到乡村小学教书。2010 年她考上北京师范大学的博士生，致力于彝族教育的研究。同时我发现，她有不少令我佩服的地方。她工作态度积极，分析问题尖锐，知识面广，负责精神感人至深。2012 年田野工作的那几个星期，我向她学习了不少具体的、有价值的东西。

我们认识至今已有 5 年，在此期间我们一起又做了两次田野调查，阿呷已经是博士，大学老师，最近一年多她获得国家留学基金管理委员会博士后项目资助，在华盛顿大学学习。她除了听课、参加学术活动和深入印第安部落做田野工作外，还利用空闲修改关于甘洛县教育问题的博士论文，写成此书。该书研究深入，内容丰富，不仅有学术价值，还有实用价值。

这本书的背景是阿呷博士生长的家乡——甘洛县。她与甘洛县师生一样，在双语语境下受过基础教育，因此她的研究对象的故事也是她本人的故事。她在甘洛不同的农村和乡镇学校当过老师，因此她的教学经验就是她所研究的师生的经验。她研究少数民族教育之前已经经历过少数民族教育。在这种自身体验的基础上，阿呷博士利用她在五所学校长期深入实地调查的资料，结合最先进的国内外教育学、人类学、社会学理论，写成了完整、丰富、令人感动的描述和分析。

该书研究了"少数民族教育的困境"，我们有权利问：到底困境何在，国家最近投入大量资金，包括硬件、教材、师资，同时也实行少数民族优惠政策，关注少数民族各种发展所需，何以形成困境呢？读该书可以发现，困境在于教育渴望与实际经济情况的矛盾；在于主流文化的吸引力与对民族文化的热爱和传承要求之间的矛盾；在于统一语言政策与少数民族儿童实际语言能力的矛盾。虽有各级政府机关、几代自我牺牲的教师、一群爱学习的幼年儿童共同努力，但现实情况是甘洛小学、初中学生学业成绩低，学习热情逐渐衰弱，辍学率日益增长。

但目前的困境未必持续。为了给教育行政者、校长、教师、家长和学生提供改革凉山教育状况的机会，阿呷博士最后提供了各种具体建议，指出教育界可怎样突破现有的困难，帮助凉山教育和各地少数民族教育施行真正的教育改革，满足国家对下一代少数民族公民的义务教育，实现多民族国家的教育理想。

因此，我个人感谢阿呷热哈莫老师的大功劳，同时把该书推荐给所有关心教育、关心中国孩子的人士。

Stevan Harrell

2016 年 2 月 23 日于西雅图

目　录

第一章 绪 论

彝 族 教 育 现 代 化 的 发 展 与 困 境

　　"阿呷老师，如果当年你继续留在村小教书，这些孩子就不一样了。"12 年后我重返托觉村，不止一个村民这样对我讲。村民的这句话困扰了我很长时间，并时而让我产生自责与内疚。今天，我能说这困扰是我酿成的吗？……我将困扰放置在这个背景中——彝族教育现代化，并依据历史的变迁与制度的冲突来确定我所遭受的困扰。这或许能让我因看到困扰产生的根源和历程而感觉舒坦一些。

2012 年 4 月

　　2000 年 9 月，我第一次踏上去村小的那条山路，19 岁，朝气蓬勃，浑身充满了激情，在大凉山的一所村小开始了我的教师生涯。12 年后，我在北京念书，回家乡做田野调查，揣着学生的合影去找寻当年我教过的那 30 名学生。那天我走遍了曾经熟悉的村落，结果只找到一位学生——布洛（化名），19 岁，已经当妈妈了，恰好赶上农忙时节，她回娘家，我才得以见到她。其余的学生，女孩大多在 16~17 岁时嫁人，男孩也都成家、在外打工。布沙（化名）是我当年教的成绩最好的学生，是布洛的哥哥。路过他家门前，布洛指了指布沙家的房子，依旧是土房，比 12 年前他父母的老房子还破。听布洛说布沙已娶妻生子，目前在外打工，一个月挣 1000元。我还了解到当年村小的那 30 名学生，2 名初中毕业，12 名读到初一辍学，其余的 16 名小学毕业后就没再念书。村小已经成了别人的房舍，主人外出打工，屋里堆满了杂草，教室成了牛棚，黑板还在，还可以写上粉笔字。从村小回来，整个晚上我辗转反侧，村民的话在我耳旁萦绕，"阿呷老师，如果当年你继续留在村小教书，这些孩子就不一样了"。于是脑海中浮现出一个个片段，这些片段由一条线串成了一段历史。

回到 2008 年，我在"凉山彝族妇女儿童发展中心"（以下简称"中心"）①工作，当时的"中心"获得"中-美商会"的资助，正开展彝族女孩就业培训与安置的项目。我当时在"中心"做培训老师，起初我认为这个项目能改变彝族女孩的生活境遇，从而避免她们成为艾滋病②和毒品的受害者，然而接下来发生的事，证实了无论在贫穷的山区还是在现代化的工厂，她们都逃不掉被伤害的遭遇。2008 年 12 月 5 日，在一期的学员培训结束后，我带着 16 位彝族女孩来到东莞一个叫"清溪"的小镇。这个以往兴盛的小镇正赶上金融危机，工厂大量裁员或倒闭，但依然有不少人在厂房门口等候，看能否找到工作。庆幸的是，在来之前"中心"已经联系好了一家日资工厂，省了我们找工作的环节。一到工厂，我们去人事部门办理入厂手续，当女孩们拿出身份证准备登记时，意外的事发生了，人事部负责人得知女孩们是少数民族后毫不留情地将她们拒之门外。"为什么不要我们！"这是一句来自十几岁彝族女孩口中的言辞。在任何的灾难和冲击下，弱势群体无疑是最大的受害者，同时也表明了，在现代性的追求过程中，既有希望与渴求的躁动，同时也充斥着发展所带来的种种罪恶，而社会底层的牺牲经常被视为发展之必需（潘毅，2010）[1]。

资产阶级，由于一切生产工具的迅速改进，由于交通的极其便利，把一切民族甚至最野蛮的民族都卷到文明中来了。……它迫使一切民族，如果它们不想灭亡的话，采用资产阶级的生产方式；它迫使它们在自己那里推行所谓的文明，即变成资产者。一句话，它按照自己的面貌为自己创造出一个世界。（马克思，等，1972）

自然，彝族也难逃"被文明"、"被现代化"和"被全球化"。资本经

---

① "凉山彝族妇女儿童发展中心"是目前凉山最大的本土非政府组织，该"中心"以受毒品和贫困影响的妇女儿童为主要工作对象，在乡村社区开展以能力建设和权益保护为目标的公益活动。

② 《2004 年中国艾滋病防治联合评估报告》公布的数字显示：2003 年年底，估计现存感染人数为 84 万，截至 2004 年 9 月底，累计报告的艾滋病毒感染者 89 067 例，其中艾滋病例 20 786 例。有资料显示，在登记的 HIV 阳性病例中，少数民族占 36%，而少数民族人口只占全国总人口的 8%。（张海洋，侯远高.导致少数民族青少年感染艾滋病的行为、心理及其根源. http：//www.lsyzdcwc.ngo.cn/action-viewnews-itemid-230.）

济兴盛之时需大量劳工，于是想尽办法，建立社交网络招录员工，让原厂里的工人回乡带自己村落的族人进厂，抑或不惜代价给包工头酬劳让其从少数民族农村地区招录大批劳动力。此时的资本工厂不仅无暇顾及招录劳工的学历和民族身份，甚至还将手伸向那些未满 16 岁的孩子，据说"孩子越小，手就越灵活，做的活儿也越精致"①。而一旦遭遇危机，这些从边远地区来的少数民族首当其冲地成了被拒绝、被伤害的对象，理由是他们"没有文化、素质低、不讲道理、不干净"②。

在世界逐渐融入全球资本主义体系的背景下，中国成了为全球生产、提供大量廉价劳动力的"世界工厂"。少数民族外出打工是国家全面现代化与全球化接轨的必然结果，"而市场制度的扩张意味着交易活动及其价值渗入一切生活领域，它破坏了原有的社会结构（如社区及其价值），将其他社群（如少数民族）的生活方式贬低为低级的方式"（汪晖，2001）。在这个过程中，"普遍主义的力量和历史特殊性及文化差异性的力量相互碰撞"（潘毅，2010）[8]，导致了少数民族群体的尴尬、被动与抗争。他们既怕自己和自己的文化不被重视而受到冷落，同时更害怕不被现代化和全球化而导致落后，这种矛盾的状态，导致了今日民族发展的尴尬处境。

中国的现代化目标在 20 世纪 60 年代提出。1964 年 12 月，在第三届全国人民代表大会第一次会议上，周恩来根据毛泽东的建议，在政府工作报告中首次提出，在 20 世纪内，把中国建设成为一个具有现代农业、现代工业、现代国防和现代科学技术的社会主义强国，并宣布了实现四个现代化目标的"两步走"设想。1976 年 10 月，"文化大革命"结束，"四人帮"被打倒，由邓小平领导的中国开始重新定位以实现中国工业、农业、科学技术和国防现代化为目标的对内对外政策。国内的目标集中在提高工

---

① 甘洛县"挖古井希望小学"的老师谈学生外出打工情况时谈到。我在甘洛火车站也多次遇见未满 16 岁的孩子跟随包工头外出打工。

② 我带领学员在东莞找工作的那段时间，打听了"工厂不招少数民族的理由"，以上这几个词出现频率最高。

农业生产力、军队装备和科学技术水平，2000 年达到世界先进水平上。中国实现现代化的目标不仅被写进《中华人民共和国宪法》，同时，在1984 年颁布的《中华人民共和国民族区域自治法》第六条中也强调"民族自治地方的自治机关领导各族人民集中力量进行社会主义现代化建设"。从此，实现现代化成了中国人苦苦追求的目标。

为完成这个宏伟目标，不仅需要稳定的国内环境，同时也需要高素质的技术劳动力，尤其是在教育领域，因此忽略个人出身，强调教育质量和水平，重新规划和修正少数民族的教育政策成为首要的任务。然而在中华人民共和国成立之初，中国各少数民族受教育程度成了中国实现现代化的瓶颈，因此，国家开始了大量的民族扶持工作，第一步是对少数民族进行民族识别。将中国境内的人口识别为 56 个民族，规定中华人民共和国的每位公民都从属于一定的民族，无论这个民族是文明或欠文明。民族发展程度依据社会生产力水平来划分，并告知每个民族距离文明的水平（Harrell，1995）[8]。

当主体民族开始与周边民族建立联系，并希望长期影响他们，让孩子入学自然成了最好的办法，因此少数民族的教育变迁是中央王朝和国家同化策略实施的必然结果。Hansen 提到，自清朝（1644—1911 年）起，中国统治阶层和知识分子将制度化的教育视为融合、控制、文明化那些生活在边境和边远地区人们的方法（Hansen，1999）[xi]。而凉山彝族现代教育的发展特征与中国在 20 世纪 50 年代实施民主改革后的凉山社会的发展特点息息相关。从 1956 年凉山进行民主改革到现在，"诺苏"[①]经历了三种不同形式的社会生活：以"家支"为基础的地方自治（1956 年以前）、社会集体主义（1956—1978 年）、市场经济（1978 年后）（Liu，2011）。

与此同时，民主改革之后，凉山现代教育经历了"上学习惯"逐渐形成

---

　① 彝族学者巴莫阿依在 *Fieldwork Connections* 一书中提到："彝"是汉语词，彝族是中国官方认定的 56 个民族之一。中国大约有 800 万彝族同胞。"诺苏"是当地彝族的自称，是彝族中最大的族群，居住在四川凉山的"诺苏"大约有 200 万。

（20 世纪 50—60 年代）、"教育大起大落"（20 世纪 60—70 年代）、努力克服汉语言文化障碍成为"国家干部"（20 世纪 80—90 年代末），以及教育选择和学生打工潮出现（2000 年以后）这四个阶段。而第四个阶段的出现，是彝族教育无序状态的征兆，也有学者把这种无序的状态称为反现代性[①]。

20 世纪 80 年代初，中国开始从僵化的计划经济体制转向市场经济体制，21 世纪初，包分配就业制度开始逐渐退出凉山。在这之前，读书是为了当"干部"，端"金饭碗"。"干部"家庭的孩子和成绩较好的学生会选择读中等专业学校，成为基层地方官员，或是中小学的教师、卫生院的医生和护士等；而对于那些成绩不好且家庭贫困的学生而言，念完小学就可不被算作"文盲"。在计划经济体制下，有不少人想上学而上不成学。而当下，国家对少数民族地区的教育投入了大量的财力，"普九"、"两免一补"（2005）、"营养午餐"（2011）等政策的实施使得农村家庭无需为孩子上学（义务教育阶段）买单，但人们开始思考上学能否获得生计或实现向上流动。目前看来，彝族地区很多孩子上学的最终归宿就是"打工"，而国家的"普九"间接为打工提供了制度保障。人们在这个过程中，学会了汉语和简单的读写算。同时为了争夺劳动力，很多沿海工厂开始在少数民族地区捐资兴办职业技术学校。通过对少数民族学生进行简单的"职业培训"，将学生送入工厂。全球化过程的末端是廉价劳动，而当前贫穷地区的人群成了这末端的廉价劳动力，每小时 4 元多的工资[②]，实质为整个全球资本的运转提供了动力基础。而目前边远山区的现代教育成了廉价劳动力输出的"培训基地"。在一段时期，每逢春节后，县城的火车站遍布一群群背着行囊外出打工的学生，他们或许不知道出去能干什么！挣钱、好玩，是他们脱口而出的理由。而大量彝族青少年外出打工，会给彝族社会的发展带来哪些影响呢？

---

① 在本书中，反现代性是指在现代化过程中出现的迷茫、矛盾，以及排异、反抗等不适宜的状态和结果。

② 数据来自我 2008 年 12 月在东莞的调查。

全球化、现代化对于少数族群意味着什么？在全球化与现代化的过程中、在这场旷日持久的趋同与同化过程中，彝族人要不要保留自己的传统文化？如何保留？正如鲍曼（Bauman）提到的，"现代化也是一场文化改革，是一种强劲而又持续的内在冲动，旨在根除存在于价值观与生活方式、习俗与言语，以及信仰与公众行为之中的差异"（鲍曼，2003）。因此，彝族如何面对自己的文化、价值观和生活习俗？"如果保持这些忠诚，个体就有可能被排斥出那个被选中当做使命般活动的空间，他们就有可能终生被判为局外人。另一方面，如果个体试图摆脱可疑的价值并获取受到赞许的价值，那么，这种情况就会被解释为，对强势价值的普遍效度和可取性，以及对它们的社会承载者的优越性的进一步证明。"（鲍曼，2003）

于是叙说这种历史过程中的矛盾、冲突和张力成了本书的主要内容。本书将主要框架锁定在资本全球化、国家现代化与少数民族发展的历史动态演变过程中，在这个结构性的框架中，我将试图分析以下问题：在一个历史上仅有零星学校教育的族群社会中，现代教育是如何在资本全球化、国家现代化、民族发展这三股力量中生成、发展及遭遇困境、面对挑战的？在这个过程中少数民族精英扮演了什么角色？教育现代化如何趋同了具有不同地方文化事象的少数民族地区？弱势群体在教育现代化进程中表现了何种样态的挣扎与抗争？少数民族教育现代化的真正内涵是什么？

以上问题都能在彝族教育现代化的过程与后果中找寻其足迹与线索。而对彝族教育现代化的描述与思考是一个历史的过程，同时也必须是对现实深刻的揭露，在这之间的每一部分都有历史与现实的结合，从历史的脉络中去找寻现实生成的根源与线索。

本书从资本全球化、国家现代化与民族发展这三股力量之间的博弈来分析，结构性地解释了少数民族教育现代化的动态历史生成及当下的困境。然而，将彝族作为研究个案，不仅是因为我自身的彝族身份，更是因我生于斯，长于斯，并曾作为一名乡村教师在彝族农村地区工作，对彝族现代教育有着一种熟知和情怀。

第一节　全球化：趋同还是趋异

资本的全球运动，将现代性带到了世界各地，使其摆脱了特定民族国家的限制，而成为全球现代性。全球化是现代性的全球扩张过程，是产生于西方的以工业文明为标志的现代性的全球扩张过程。英国学者吉登斯认为，全球化是"现代性的一种后果"（吉登斯，2000）。从全球化与现代化的关系来看，自 20 世纪中叶开始，社会学家和历史学家从另一个角度把握现代化，这就是把现代化视为全球化，"从市场经济发展的无限制和生产力水平的超增长来界定现代化的本质"（金观涛，2010）。也有学者认为，正因为全球化是与西方近代文明的全球性扩张联系在一起的，无论它过去被叫做"现代化"，还是现在被称为"全球化"，只不过是把考察问题的视角从民族国家转移到全球体系，但无论是现代化还是全球化，在其展开过程中，都有两个非常强的预设：一个是同质化（homogenization），另一个是趋同（convergence）（杨学功，2008）。

"全球化是一个很长期的、不平衡的、复杂的过程。"（罗伯森，2000）[14] 华盛顿政策研究所的约翰·卡瓦纳指出，"全球化是一个悖论：它对极少数人非常有利的同时，却冷落了世界上三分之二的人口或将他们排斥在外"（鲍曼，2001）。罗伯森认为，全球化是一个统一性和多样性、同质化和异质化的过程，全球化过程包含着普遍主义的特殊化和特殊主义的普遍化的双向运动（罗伯森，2000）[144]。吉登斯也认为，"全球化不是一个单一的过程，而是各种过程的复合，这些过程经常相互矛盾，产生冲突、不和谐以及新的分层形式"（吉登斯，2009）[5]。

当少数民族以参与全球化的方式谋求现代性时，普遍主义与特殊主义的矛盾就凸显了。一方面，少数民族通过强调传统文化价值的特殊性来保持自身的认同和在世界上的位置，另一方面又维护民族追求具有全球同质性的现代化。全球化、现代化究竟会带来哪种结果？是趋同还是趋异？异质化还是同质化？普遍化还是特殊化？这个问题是全球化理论中重要的、复杂的问题。趋同论的提倡者认为，所有社会或者说几乎所有社会都正在以不同的速度走向同一个点，主要是"工业人"（industrial man）压倒性大量出现的结果；而趋异论的拥护者强调有不同的通向（相当狭义地表达）"现代性"的道路，以及现代性有不同形式的观点，认为从某种意义上来说没有趋同而只有趋异（罗伯森，2000）[16]。

与趋同还是趋异的争论并行的，是有关少数民族文化在全球化背景下的同化和多样性之争：一种声音认为随着全球化的到来，各民族的文化将会逐渐趋同，同化或融化为一种单一的文化；另一种声音认为，现代化不是少数民族文化的消失，少数民族文化在现代化过程中将得到进一步强化或特化，多样性的民族文化将得到进一步继承与发展。

持多样性观点的学者认为，现代化应该保持文化的多样性，少数民族传统文化是民族地区现代化的发展基石，少数民族传统文化现代化是民族文化发展的必然趋势。没有人不认同"文化是一个民族的根本，是一个民族赖以生存的重要标志。丧失现代化将意味着民族的贫困，丧失文化传统则意味着民族的消亡"（杨福泉，1998）的道理。但是，我们无法掩盖一个事实，那就是同化力量的强势注入，已经使得少数民族传统文化的生存岌岌可危。现代化是随着"野蛮"向"文明"的过渡、部落制度向国家的过渡、地域局限性向民族的过渡而开始的，它渗透到当今世界的所有角落，依托一切公共机构，学校、医院、电视台等席卷人类生活的各个领域。

所以，持同化论的学者认为，全球化、现代化带来了文化同化。在全球化的过程中，因贸易、信息、交通的迅速发展，各族人民的交往日益密切，各民族的文化将逐渐趋同，同化为一种单一的文化，带来"大同文化"的局面。然而，面对现代化，少数民族必须适应全球化带来的一体化趋势。如果固执地强调自己的个性，而不去加入正在迅速变动的大社会，那么一个国家、一个民族就会落伍。一味固守本民族原有的传统文化，就有可能陷于落后，将会使少数民族进一步边缘化。马克思从资本经济角度强调了同化趋势，他认为，"资本的普遍趋势是一切成为流通的前提，成为流通的生产中心的地点，把这些地点加以同化，也就是把它们变为进行资本化生产的地点或生产资本的地点。这种传播文明的趋势是资本特有的，这和以往的生产条件不同"（马克思，等，1995）[541, 542]。可见，"全球现代性具有整合世界的'文明同化'作用，同时还包含着分裂世界的'中心-边缘'机制"（郗戈，2011）。因为，"全球一体化要人类在许多方面趋同——不仅是语言趋同，同时也是更广泛的文化意义上趋同"，"少数民族和民族地区，只能奋发图强，加快吸收外来先进文化的步伐"（李德洙，2000）。

同时，有学者的观点则强调了现代化与传统文化的对立性，从而也突出了同化的趋势。他们认为现代化主要是基于工业生产，或者说是以工业生产为核心产生的整个社会的变迁，而传统则是指一个国家或民族过往的生活过程，以及适应这个过程而形成的文化习俗、价值和观念。就中国的少数民族而言，以往的生产是以农业和畜牧业为主导的，由此形成的社会习俗也与此密切相关。从这个角度说，"西部少数民族的现代化与传统之间并不协调，甚至存在着明显的对立因素。要现代化就可能抛弃传统文化，美国西部开发就伴随着当地印第安传统文化被消灭和原有文明丧失的过程，世界许多其他地区的现代化也是以破坏传统文化为代价的"（李鸿宾，2002）。

当然，现代化是一个矛盾的统一体，因此少数民族在此过程中，究竟是被同化还是以自身的存在来丰富世界的多样性，并非是一个非此即彼的问题。因此，有人就这一矛盾性谈到了少数民族在现代化过程中的双重性：一是经济趋同于主流社会，因少数民族经济发展水平低于汉族，出现了经济发展模式与汉族趋同的现象；二是表意文化呈现出明显的特化特征，在现代化过程中，民族表意文化上的差异成了少数民族经济发展的资源之一，因此，少数民族的表意文化不仅不会趋同于汉族，反而会强化，甚至重新得到创造、诠释和建构，并以此作为其经济发展的基础而扩展，呈现出表意文化上的特化（石奕龙，2004）。

同时，我们要看到的是，现代化并非是一个整体同化的过程，也有可能是在表面的同化下发生着内在的特化。而所谓的内在则是指民族意识，现代化虽然对民族文化造成了一定的冲击，但并不意味着民族意识的减弱，相反，在一定意义上还有助于民族意识的提升。这就是为什么一旦民族遭遇欺凌、危机时，民族意识会空前觉醒。正如美国学者康纳所指出的，"随着交通和通信革命性的推动，人们识字能力的迅速扩展和人员流动的增多，使得迅速驱散文化的隔离状态成为可能。这种情形的发展不仅引起了个人对于外部族群的认识，而且也引起了分享同一族性的人们的自我意识"（王希恩，2007）。

第二节　一场充满冲突的现代化

社会发展的动力之一是冲突，冲突是社会生活中一种自然和不可避免的现象，也正是冲突和矛盾导致了社会结构的变迁。诚然，彝族的现代化必然是一场充满冲突的社会变迁发展过程，这自然与同化相关，取得优势和控制地位的团体，必然会采取同化的手段，迫使其他团体与之合作，以维护社会的稳定秩序，但同化的结果，只能是暂时的稳定，因为变迁还在继续进行。

凉山彝族社会发展从古至今充满了对抗与冲突，但其冲突的表现形式存在一定的差异性。马克思已经指出，在生产中，不平等关系，尤其是对财产和生产资料占有的不平等是冲突的根源。在本书中，我将补充，冲突形式可以是激烈的，也可以是温和的，不仅有生产资料的占有、人身依附的冲突，还有由于全球现代化而带来的包括习俗、语言文化等方面的冲突。凉山彝族社会的对抗与冲突主要表现在三个方面：一是等级冲突，主要表现在彝族族群内部；二是民族关系，主要体现在彝族与主体民族——汉族之间；三是资本主义全球化引发的对抗与冲突。

一、族群内的等级关系

凉山彝族是以血缘关系为基础的社会，家支是民主改革前凉山彝族社会中最有凝聚力的核心组织。从"宁"[①]内部分出来的不同的家支等级群体和被征服或掳掠而来的一部分群体构成了不同的等级。旧时代的凉山彝族社会有兹莫、诺伙、曲诺、阿加、呷西五个等级。家支组成了凉山彝族特殊的三层楼房式的社会结构，楼的最高层是兹莫，中层是诺伙，底层是曲诺，阿加和呷西被这三个等级直接或间接地占有（马尔子，1993）[②]。

家支不仅是彝族传统社会的根基，也是凉山彝族传统社会的基本政治单元。等级与家支组织就像经纬两条线，结成了一张稳定的政治结构网。在这张政治结构网络之中，彝族传统社会依赖严格的等级制度，而在各等级内部，成员又以世系父系制而高度组织化（廖林燕，2011）。

在20世纪中期以前未形成过统一国家权力的凉山社会，或者说在国家权力没有直接干预或较少干预的社会形态下，家支是彝族传统社会最稳固、唯一的政治单位。彝族传统社会中所有的政治与经济活动都是依托家支而非地域组织村寨进行的。在这一政治单位内部，还有极为严密健全的政治设计，包括家谱、家族议事制度、家规等（廖林燕，2011）。因此源于彝族森严的等级及家支组织，彝族内部各等级之间，例如：兹莫与诺伙、诺伙与诺伙之间，以及各家支之间经常发生因争夺奴隶、土地、山林

---

① 彝族最先的自称叫"宁"，由于社会的分工，自然地从宁内部分化出两个等级，"哥分成兹莫、弟分成尔节"，兹指掌握、主宰。莫指谋，古代应作兵讲。尔节，尔可能指石，节可能指矛，即原始的兵器，借代兵卒。意为兄长成了掌握兵权的人，弟则成为听从兄长指挥的兵卒（马尔子，1993）。

② 凉山民族研究，为内部刊物，1993年攀西地质大队印刷厂印制。

等的冤家械斗。如昭觉县比尔区巴且家与瓦渣家在 1923—1944 年为了四户奴隶发生了长达 21 年的冤家械斗，双方死亡 210 人，烧毁房子 25 幢，打伤的不计其数。[①]布拖县黑彝河卓与阿地两家为了保头过路费（半斤盐巴）有过一场长达 8 年之久的冤家械斗（1944—1952 年），双方丧命的有118 人。

中华人民共和国改变了凉山彝族社会在经济上的等级压迫制度，然而在婚姻、身份等方面的等级差异一直存在于凉山社会中。有学者认为，"文化大革命"期间，少数民族的政治哲学基础被概括为"民族矛盾以阶级矛盾为纲"，强调需要区别阶级敌人和朋友，不必考虑民族问题。少数民族领导批判了以前对待少数民族的"家长式作风"和剥削。汉族领导被指控为试图与汉族和少数民族上层阶级勾结、欺压汉族和少数民族工人和农民，少数民族与汉族并肩作战一起对抗阶级敌人和阶级剥削（Hawkins，1983）。

改革开放以来，国家社会转型引发的社会分层也波及凉山彝族社会，使凉山彝族社会结构在这股巨大的转型浪潮中发生了改变（彭多意等，2007）。以前以血缘结构为核心的彝族社会政治结构功能在减弱，但家支作为彝族最具凝聚力的组织，依然在彝族社会事务中发挥着作用。同时因现代化产生的贫富差距导致的阶层冲突也开始较突出地体现在彝族社会中。

二、族群外的民族关系

族群外部的抗争与冲突主要指彝族和汉族之间的冲突。凉山彝族社会不是孤立的，在历史上彝族与其他民族尤其是汉族有着互动和往来。凉山彝族和汉族之间的关系并非和谐地进行，而是伴随着冲突和对抗。

---

① 昭觉文史资料选辑(第一辑)，1992 年冕宁县印刷厂印刷。

　　彝汉的冲突表现在彝族为掠夺汉族为奴发生的冲突。明代以来就有不少奴隶是通过劫掠邻近汉区的汉族人来的。道光十七年（1837 年）成都将军凯章奏说："彝人数年来则千百成群，直入乡村市镇，任意焚房，约计被掳男女以数千计。"彝族人拥有奴隶的目的是袭击山脚下的汉族，掠夺财产从而购买更多奴隶，通常是由年轻人躲在山间偏僻的小道突袭，或者骑马袭击那些独户的汉族人家和住在汉族边界外缘的汉族人。林耀华谈到，他在 1940 年经过大凉山时，彝族人就抓了 200 个俘虏（Hill，2001）。在甘洛历史上，彝族炫耀财富和地位的方式是计算骏马和奴隶的多少，有一句口头禅："我走不了路了就买马骑，做不了活了就买'汉家'来做。"甘洛山高水险，地形复杂，奴隶一旦被卖入甘洛，就很难逃出去，因此彝语有一句谚语："石头掉进水里就浮不起来了，人被卖进甘洛就逃不出去了。"甘洛是一个很适合种植鸦片的地方，彝族因为种植鸦片而有钱购买奴隶。为了获得奴隶，一些彝人铤而走险，对汉族地区直接进行武装掳掠，一些有军事势力的汉人参与人口贩卖。岭光电在《忆往昔中》也提到在西昌城内部的街巷中，有军官私下售卖战斗中所捕获的奴隶，以此牟利。汉族中也有将从汉区拐骗来的人口贩卖给彝人为奴的。1906 年法国军官多隆进凉山考察，指出：汉人为彝人提供奴隶，把诱拐到的人卖给彝人为奴。甘洛县汪正清自 1936 年当上中队长后，常在汉区以招募新兵为借口，把汉人骗卖到彝区为奴隶。他一年这样卖出 90～100 人，一共卖了五六年（李金发，2014）。

　　国民党统治时期的彝汉冲突，首先体现在以汉族为首的国民党与彝族之间的冲突。凉山地理位置险要，历来是兵家必争之地，国民党为了控制凉山，曾多次派兵攻打凉山，但未获得显著成功。如，"1945 年 3 月国民党二十四军出动陆空一万大军攻打坡合拉达（现越西县普雄）彝族，彝族为了对付外来汉人，停止内部冤家械斗，团结对敌，将千名敌军击毙在深山老林，彻底击溃了二十四军的进攻"（罗布合机，2000）。其次，彝汉关系的紧张，还表现在汉族个别人对彝族的欺压和杀掠。尤其是解放前靖边司令邓秀廷^①敲诈勒索彝族，出兵攻打普格、宁南、昭觉、会理、会东、德昌、越西多次，烧毁无数彝族村寨，他所到之处天昏地暗，浓烟滚滚，践踏庄稼，滥杀牲畜，死尸遍地，惨不忍睹，抢走了无数彝族妇女、儿童和牲畜，导致很多彝人家庭妻离子散，财物毁失。据《喜德文史资料》中《邓秀廷事略第 7 辑》资料介绍，邓秀廷 1927 年 6 月在喜德县城一天杀了 70 多名彝族人，砍下 37 颗人头挂在城门示众。烧杀抢掠，贩卖人口，收买暗杀，弄得兄弟、父子、郎舅、翁婿之间互不信任，互相残杀，亲戚进门提心吊胆，亲戚离去才松口气。当时彝族有小孩哭时，大人只要一说邓秀廷割耳朵来了，孩子都不敢哭了，由此可见，彝族内部紧张，彝汉民族隔阂严重。

民主改革以后，彝汉之间的交往趋于频繁，二者之间的纠纷也随之增加（嘉日姆几，2008）。因彝族传统的等级观念，在历史上彝族与汉族很少通婚，近几十年来才出现了通婚个案。目前，结"亲家"的民间交往成了彝汉互动的主要形式之一。巫达（2011）统计了甘洛县县级机关 2002 年上半年（1—6 月份）族际通婚情况（表 1-1）。

表 1-1　2002 年上半年甘洛县县级机关族际通婚比例表

通婚类型	汉彝	汉藏	彝汉	彝藏	藏汉	彝彝	藏藏	汉汉	其他
数量（对）	4	0	1	0	0	6	1	39	1
比例（%）	8	—	2	—	—	11	2	72	2

从表 1-1 可以看出尽管彝汉间出现了通婚情况，但这种情况大多发生在居住在县城的彝族，农村较少。因彝族尚存的等级意识，以及彝汉在风俗、习惯上的差异，彝汉之间通婚并不被当地人看好。例如，当地汉族认为彝族有"婚嫁钱"的风俗，是买卖婚姻的一种落后习俗；而当地的彝族则认为汉族亲戚关系淡薄，不愿与汉族通婚。

---

①　邓秀廷（1889—1944 年）彝名叫木呷克底，男，汉族，生于喜德县城附近彝汉杂居区烂坝村，不识字，能操各地彝族方言，对答如流，服饰奇特。自当营长起，上身常着军装，斜挎指挥刀，肩不离披毡擦尔瓦，在某些场合，头包胡绉纱帕，上挽天菩萨。1938 年刘文辉委任邓秀廷为靖边司令部司令。

三、全球化、现代化下的冲突与对抗

全球资本带来的自由市场经济导致了彝族社会的冲突与对抗。这首先体现在彝族和以汉族为主的外族群之间的利益冲突，尤其是在开采矿产、利用水力资源等上发生的冲突。例如，1949 年以前，甘洛县没有任何工业经济，1949 年以后，有了水泥厂、砖瓦厂等少数企业。20 世纪 80 年代开始，甘洛县发现了铅锌矿，政府组织企业投产开采铅锌矿，出现了一批富翁——"铅老板"，其中有上万资产的铅锌矿老板，也有几十万元资产的铅锌矿"尖子老板"。从 20 世纪 90 年代开始，甘洛有了较大规模的采矿活动。这其中外来财团和集团凭借自身雄厚的经济实力大力开采地方资源，而当地的大部分彝族并没有获得在矿山工作的机会，这些集团大量聘请外地汉人或其他地区的彝人来矿山打工，这是基于本地人"不好惹"[①]的缘故。因此，从 2000 年年初开始，甘洛出现了"打游击"[②]的行为。

当地彝族，尤其是对生活在农村的彝族来讲，彝语是他们主要的交流工具，同时也是他们作为彝族人身份的象征。即使是那些常年在外的彝族人，一旦回到村落，就会很自然地说回彝语，因此在彝族农村说汉语的人有时则被作为嘲笑或玩笑的对象。语言作为一种认同元素，其地位在全球化时代越发凸显，少数群体越来越意识到保留自身语言和传统文化的重要性。然而，越来越多的彝族人认识到，会讲汉语，甚至是英语则在现代化竞争中更具优势。全球化带来的语言层级，英语作为全球资本推行的便利工具，使得彝族原本的汉、彝两种语言冲突变成了英、彝、汉三种语言文化的冲突。部分彝族人，尤其是居住在都市和县城的彝族人从之前的积极

① 当地人认为外地老板怕与当地人产生纠纷，尤其怕彝族的家族势力，因此不愿意聘请当地人。

② 这里的"打游击"，是指当地百姓（这里的百姓不限于矿区周围的百姓，主要是深夜或天刚亮时，背着背篓偷偷地进入矿区，从矿洞里面偷矿。这样的举动是十分危险的，由于矿洞里氧气稀薄，随时都会有因缺氧而导致窒息的危险。尽管时不时会发生因为"打游击"而出现葬身矿洞的事故，但人们还是会铤而走险。

"汉化"到目前的积极"英化"。对一些想要保存自身语言文化的人来说（这类群体主要是彝族的部分精英，也包括部分彝族百姓），他们极力要求保存自己的文化。因此，在保存自身文化，还是积极"汉化"和"英化"的问题上，彝族群体内部已经形成了冲突。

第三节　教育现代化与少数民族教育

何谓教育现代化？自教育现代化提出以来，有关这个问题的讨论就没有停止过，其内涵和外延的发展也一直伴随着教育现代化的发展历程。就何谓教育现代化的问题，当下有不少学者讨论过。顾明远指出："教育现代化是指传统教育向现代教育转化的过程，也是赶超世界先进教育水平的过程。"（顾明远，2010）石中英对教育现代化的理解包括以下几个方面：①"教育现代化"就是教育"现代性"的实现；②"教育现代化"不仅是指教育现代性的"实现"，更重要的是指与教育形态的不断变迁相伴随的教育现代性的"不断增长"的过程；③教育现代化是社会现代化的一部分，是教育活动适应社会转型（变迁）时期的各种客观需要，在"硬件"和"软件"上同时不断变革、创新和完善的过程。①

杨东平指出，教育现代化至少具有三个层面的含义：①教育在数量、规模上的发展及在办学条件如校舍、设备、技术手段、教育经费等方面的先进程度；②教育在制度层面的现代化；③教育价值、教育思想、教育观念等方面的现代化（杨东平，1994）。冯增俊认为，教育现代化是从适应宗法社会的封建社会的旧教育转向适应大工业民主社会的现代教育的历史演进过程，是大工业运动和科技革命的产物，是一切有关进行现代教育的改革和发展的总称。教育现代化主要是指新独立的落后国家如何学习发达

---

① 石中英在中国教育专业委员会第八次学术研讨会指出。

国家推动本国教育现代化从而赶上发达国家现代化的运动（冯增俊，2000）。潘涌从全球化的视角提出，各国教育现代化应以创新为价值先导，以立人为目标追求。作为教育现代化的后发型国家，中国教育更要跟随全球化发展趋势而走向全面创新。教育现代化涵盖了教育理念现代化、精神结构现代化、课程设置现代化、教育体制现代化（潘涌，2007）。

上述对教育现代化的理解都注重从传统教育到现代教育的转型，重在实现现代性目标，在本书中具体到少数民族，教育现代化包含这样一层意思：它是使少数民族现代化，使得其族群通过当前的学校教育从"荒野"走向"园艺"的活动。教育现代化不仅是为了迎合全球化、现代化而实施的教育过程，其过程同时也是全球性的"历史演进过程"，目的是达成现代性方案（谈松华，2003）。因此，教育现代化并不是理性时代的创造，也不是人类知识革命的产物，相反，现当下的现代教育成了一种事后的思考，一种"危机—管理"式的回应，是失控之后恢复控制的艰难努力（鲍曼，2000）。

当前国内外有关中国少数民族教育现代化的研究主要关注三个领域：现代教育与少数民族认同、宗教与少数民族教育、现代学校教育与少数民族传统文化。以下我将围绕这三个方面做简要概述。

一、现代教育与少数民族认同

国家教育与民族认同一直是少数民族研究的重要领域，这个领域主要关注以下问题：教育是促进了少数民族身份认同还是削弱了少数民族身份认同？少数民族在接受教育过程中如何看待自己的民族身份？标准化教育的目的是在意识形态及文化上达成某种一致性，但为什么标准化教育会对少数民族身份认同产生相反的作用？Hansen（1999）通过对云南西双版纳傣族和丽江纳西族的田野研究表明，中国的大部分少数民族教育完全是依据汉族的语言和历史进行的，并没有为少数民族文化价值的传播留有空间，因为这些文化价值可能与国家对民主主义、无神论及多民族国家共同利益的解释相矛盾。然而，拒绝少数民族语言、历史、宗教、文化价值重要性的教育可能导致少数民族学生对民族身份的关注，也就是说少数民族教育水平的提高带来的结果是少数民族成员对民族身份认同的关注，从而形成地方政治需求和对可选择性教育的选择。此研究结果还表明国家在少数民族地区实施的标准化教育，其实际的效果并不一样。在丽江，纳西族的民族精英一直将国家教育体制视为实现社会流动的途径，在中国共产党的领导下一直保留他们的传统。他们积极地融入现有的体制，通过教育获得社会职位。与丽江相比，在 1950 年之前，西双版纳是一个独立的王国，有自己的文字和独立的教育体制，其教育主要是南传佛教的寺庙教育。今天，这个地区的很多傣族人依旧让自己的儿子选择寺庙教育，很多家长对学校教育并不感兴趣。这项研究提出了标准的、均质的国家教育并不能实现一体化的目标，反而强化了民族身份的认同。

在教育与民族认同上，国外发表的研究成果更多地关注了西藏和新疆的内地班学生的民族认同问题。Zhu（2007）以西藏内地初中班为研究个案，通过对学生日记的调查和分析，提出了建构民族认同的一种理论模式，同时考虑到了国家在民族认同上发挥的作用。该研究认为民族认同可以在不同的具体情境下被建构，主要有三个方面的因素：国家政策背景、学校所在的社区环境及学生所在的学校环境，这三方面因素的整合在民族认同上起着决定性的作用。

而 Chen（2008）依据民族关系和社会资本理论，论述了内地新疆班维吾尔族学生社会资本再重构的过程，该研究认为在民族融合教育中，维吾尔族学生不是被动角色，而是在寄宿学校这个亚文化环境下主动建构学校社会网络，重构社会资本。因此，少数民族学生在国家融合教育上形成了自己的策略。

在中国的少数民族中，朝鲜族被认为既保持了强烈的民族认同，也保持了较高的教育水平。因此，一直以来朝鲜族被当做其他少数民族学习的榜样。对朝鲜族教育的研究主要关注的问题有：朝鲜族为什么重视自己的教育事业？在中国政治变迁的背景下，他们是如何应对少数民族教育面临的挑战和机会的？在追求教育成功的过程中，他们遇到了哪些问题？朝鲜族成功的个案对中国少数民族的教育有何影响？Lee（1986）的研究《中国朝鲜族：少数民族教育的政治》，通过朝鲜族教育历史反映了朝鲜族身份与中国少数民族政策变迁之间的复杂关系。朝鲜族努力追求自己民族的基础教育目标，在融入汉族文化时，这种努力因为其他因素变得复杂。

对朝鲜族为何成为"模范民族"的研究中，Gao Fan（2010）以生活在东北地区的朝鲜族学生为研究对象，研究了朝鲜族学生在"模范少数民族"的刻板印象下的自我认知。该研究也调查了学生对待学校和在成功策略下的自我认知如何强化了"模范少数民族"的刻板印象。作者提出，这种刻板印象模糊了朝鲜族学生在学习成功方面的障碍，同时也忽略了在中国改革开放实施过程中朝鲜族面对的困境，忽略了多元文化的重要性，以及在和谐社会下的民族平等问题。

学校对少数民族进行融合教育的合法性在哪里？Chen 和 Postiglione（2009）的论文综述了内地新疆班的政策演变，同时分析了学校对少数民族进行融合的合法性与来自新疆学生的亚文化之间的阻力和矛盾，该研究建议对少数民族开设文化敏感课程、融合班级及开放式管理等措施。

二、宗教与少数民族教育

因宗教不得干涉学校教育，以及宗教问题的敏感性，一直以来有关宗教与少数民族教育的研究在中国较少，但却成了国外研究者关注的领域。

Mackerras 的《宗教与中国少数民族教育》概述了少数民族宗教的基本情况，重点谈了伊斯兰教和佛教。Mackerras 强调了先于学校教育的寺院、清真寺和教堂，是如何以一种形式或另一种形式继续保持传统文化知识的。该研究明确指出，"国家学校体系一般严格坚持教育与宗教分离的原则，少数在学校任教的宗教教职人员通常只教授语言课而不是宗教课。特别是在伊斯兰少数民族地区和藏传佛教地区"（Mackerras，2011）[7]。

Gladney 在对中国穆斯林研究的基础上，指出宗教教育和国家教育并不是一个同一的过程，而是分别从事着不同的事情。Gladney 认为，"教育是通过培养读写能力或学习汉文化而同化其他民族的一种手段。少数民族文化的呈现是不平衡的，对多数汉族人来说，他们从来没有进过清真寺的大门，对伊斯兰教知识知之甚少，这种在'公共领域'的表述只是他们对中国有关伊斯兰教或穆斯林知识认同的一方面"（白杰瑞，2011）。

三、现代学校教育与少数民族传统文化

传统文化是一定社会所特有的，包括教育思想、道德观念、价值取向、风俗习惯、思维方式等，充满于整个社会，渗透于人的生活的方方面面，强烈地制约着人们对子女的教育形式和教育内容（曲木铁西，2015）。接下来思考的问题是，现代学校教育与少数民族传统文化的关系究竟怎样。在这个问题上，有人认为现代学校教育出现之前，教育的主要功能在于通过文化儒化再生产社区、成员，以维持社区文化系统的正常运转。"但之后兴起的学校实际上是现代性的代理机构，其主要目的是在变迁的社会中，担负起把年轻一代从'传统'中解脱出来而实现向'现代'转变的历史使命。"（巴战龙，2010）有关这方面的研究包括巴战龙的《学校教育·地方知识·现代性——一项家乡人类学研究》（巴战龙，2010）[311]、罗吉华的博士学位论文《文化变迁中的文化再制与教育选择——云南勐罕镇中学傣族和尚生的个案研究》（罗吉华，2009）、张勇的论文《现代化对

贵州少数民族文化传承教育的冲击与挑战》（张勇，2010）、裴丽丽的博士学位论文《土族文化传承与变迁研究——以辛家庄和贺尔郡为例》（裴丽丽，2007）等，这些研究大多从村落和少数民族社区的视野，通过个案诠释了传统与现代、学校教育与地方知识之间的博弈与冲突，诠释了在急剧变革的社会中，传统文化与现代文化、本土文化与外来文化、国家文化与地方文化之间的交融和碰撞在特定族群中的体现。在现代化过程中，学校应该扮演怎样的角色的问题上，有学者提出，学校教育是实施文化选择的一个重要通道。然而，目前民族地区学校实施的"普适性"教育，体现的是主流文化意识，这种"普适性"教育对少数民族文化的传承与发展造成了一定消解性的影响。"文化丧失，就其教育根源来讲，是由于教育依循社会价值观念的更迭，在一定社会价值规范和社会目的的导引下，将这种文化剔除于传承的范围，使文化在代与代之间失却继续传承下去的根基。"（郑金洲，2000）

有关传统文化与教育关系的研究，必然涉及少数民族学生对学校文化的适应问题。有人认为，少数民族文化是一种弱势文化，在此背景下，当民族学生脱离自己的文化而接触到以社会主流文化为主导的学校教育时，常面临着文化适应的考验。学校教育是少数民族学生文化适应的一个重要阶段，许多少数民族学生在学校教育中，会感到因文化差异带来的文化压力，并出现不同程度的有关文化适应问题，如"文化休克"、情感满意度和行为能力降低、排斥和回避学校教育等，从而增加了出现文化边缘化或同化、民族认同弱化、学业成就较低的可能性（李怀宇，2005）。针对这种情况，有学者提出加强少数民族传统文化在课程中的比重，也有学者提出为了促进民族、社区和国家的和谐发展，在传统与现代之间寻找链接，要以建设"共同文化"的理念来实现学校与社区的共建，一方面在国家层面上应该重视自上而下的"文化关注"，重点是对文化多样性观念的肯定，另一方面应该努力提升当地人自下而上的"文化自觉"能力（罗吉华，2009）。

也有学者提出了语言文化适宜的基础教育，认为"语言和文化适宜的基础教育，致力于使少数民族的每个学生获得在学业上成功的平等机会和教育资源，是在尊重他们的民族及其文化特征的基础上实施的教育，其目的是培养植根于民族文化土壤中，面向现代化、面向未来的中华人民共和国公民"（郑新蓉，2010）。

第四节 田野与田野工作者

打开门，迎面扑来的是满眼的绿。我走到门口那里的水泥坝，望着对面那似乎用刀削过的山，远远看去不平整，也不突兀，身处山坳，呼吸，感受混杂着牛羊粪气息的泥土，如此真实和好闻。

近了，是一片片的庄稼地，也是满眼的绿，玉米、土豆，还有其间偶尔出现的鸡和狗，如此和谐的组合。那玉米包上金灿灿的絮儿，让我时常回想起儿时的游戏。

再近了，是一座座村舍，屋顶上炊烟缭绕，晨光初露，炊烟在清晨雾气的笼罩下更显朦胧和缥缈。

三间土房。中间是我和玉的卧室，两张简陋的床，和一些简单的炊具。墙角里堆着一小堆的土豆，其中一个在老鼠的搬动下滚到了床脚下。放学后做的那一板凳的菜味美至极。伴着蛙声入眠，闻着鸟叫声醒来。

太阳升起，阳光从没有玻璃的窗户穿进来，照在学生的小脸上，映在课桌的书本上。没有什么是固定的，在晴朗的季节里，户外的那片空地就是学生的教室，而周围一片的绿则成了教室的围墙。在如此空旷的教室中，朗朗的读书声传到对面的山崖，返回交织成一曲优美的二重小调。体育课可以是一天，而学生就是老师，带着我满山地挖折耳根，摘那些叫不出名字的野果。

　　在闲暇的周末，我带上一本书，一只口琴，到山崖脚下，坐一石上，或吹起那不算动听的歌曲，或捧着书看一会儿，或对着山崖吼上两嗓子。优哉游哉，快乐无比！

　　魂牵梦绕啊！有多少次在梦中，我又闻到那泥土的气息，看到那天使一样的孩子，那圣人一般的大山，还有那简陋的小土房和床脚下的土豆。

——古井

　　这是我当年的生活和工作写照。11 年前，我 19 岁，中等师范学校毕业回到家乡一所偏僻的村小教书。四间破土房，三个年级，30 个学生。没电、没报纸，就在这么一个几乎与世隔绝的村落，开始了我的教学生涯。村小教书的经历是快乐和幸福的，学校就在村落，每天早上醒来，一打开门，看见孩子们从山坡上冲下来，带着喧哗和喜悦，于是一天的工作迎着朝阳开始了。孩子们不会汉语，三个年级只有两位老师，因此双语教育、复式教学是我采用的教学方法和模式。而就在这么一个闭塞的村落，我还是感受到了一股无形的力量正推动着彝族社区的发展，在村落，这股力量具体体现在现代教育在这个边缘村落的安营扎寨。而我，作为"现代知识分子"，成了这股力量潜入的"开拓者"。毫无疑问，在当下的中国，无论所处的世界多么闭塞，多么偏远，我们还是被卷入了现代化浪潮。

　　我将自己成长的家乡作为田野点来研究彝族教育现代化再合适不过。当年村小教书的经历，让我接触了真实的"现代教育与彝族"，而在这些年我不断地来回于家乡与求学的殿堂，在这来来去去之间，我一步步找到了产生困扰的根源。我想说这本著作有着自己的生命体验，我当过村小教师，并在拿到硕士学位后又回到家乡的乡村学校教书，我做过少数民族非政府组织（NGO）的员工，我也在当地县政府的"政府办"实习过，这些经历都为本书的写作铺垫了大量素材。

　　2012 年 3 月份，我有幸和华盛顿大学人类学教授 Harrell[①]一起在盐源进行了 9 天的田野工作。20 年来，Harrell 一直在关注彝族文化与社会变迁，2012 年 3 月之前我们素未谋面，一直是通过邮件联系，实质上，我们的相识并非偶然，对一些相同问题的关注才使我们有机会一起田野。白天，我们在羊圈小学听课、上山看生态，晚上在阿普[②]家火塘边听故事……在田野期间，我们也讨论了彝族当前的教育问题。在盐源田野的经历进一步丰富了我的研究素材。盐源田野给我最大的启发是，尽管盐源和甘洛都属于彝族文化的外延地带，最早接触汉文化，但在盐源我又看到了另一种样态的现代教育，看到了教育现代化这条脉络所呈现的多样性与趋同。

　　从盐源回来，我开始了在甘洛的进一步田野调查。甘洛县位于四川省西南部，在凉山彝族自治州北部偏东，号称"凉山的北大门"。甘洛汉语里，"黑彝""白彝"是用来区分两个亚族群的概念，而不是等级的概念。以尔足河为界，河西是"白彝区"，河东是"黑彝区"。"黑彝区"是中华人民共和国成立前凉山奴隶社会时期黑彝管辖的范围，主要集中在甘洛的吉米、斯觉、普昌三个片区；"白彝区"是中华人民共和国成立前甘洛兹莫土司管辖的范围，主要集中在甘洛的田坝、城关镇、苏雄、玉田、海棠等片区。（巫达，2008）

　　在甘洛，我主要以格木村、托觉村、古达村、色达村为田野点（村名为化名）。同时我也多次到过甘洛现代教育开创者岭光电的家乡"胜利"（原名"斯补"），寻找当年在岭光电所办学校——"私立斯补

---

　　① 自 1993 年以来，Harrell 一直在盐源白乌镇进行研究，同时他也是 2000 年羊圈小学筹款人之一，从那时起，他每年至少回羊圈一次，对羊圈的教育、生态和村民生活进行一周或数周的观察和访谈。他曾带着各学科的研究团队（四川大学、华盛顿大学的学生和研究者）在这里从事田野工作，主要进行生态方面的研究。2005 年，他参与组织建立了"凉山教育促进会"，这是一个小型的慈善组织，主要资助从"羊圈小学"毕业升入初中、高中和大学的学生。

　　② 彝族对年长男性老人的尊称。

边民小学"（斯补小学）上学的在世老人进行访谈。因此我的田野调查
是以问题为导向的，而并非只关注一个村落，我主要通过甘洛的这几
个村落呈现出一段彝族现代教育的历史。除了对村落进行田野观察
外，我还走访了甘洛县城的民族中学、民族小学、城关小学、职业技
术学校。

之所以选择以上的村落是基于下面的考虑：①甘洛从历史上就形成了
具有经济、文化差异的两个区域——白彝区和黑彝区，而这种差异造就了
甘洛彝族现代性的两种不同样态和趋同性。②格木村是我的故乡，是个典
型的山沟，我在这里长大，度过了快乐的童年和青少年时光，我曾在这里
的小学上学，后来在这里教书；托觉村是我中师毕业后第一个工作地点，
我在这里生活了一年。③古达村是麻风①村，我先生经常在那里下乡，我
经常陪同，到后来却成了他陪同我一起田野。我与当地的百姓和老师建立
了友好的关系，这个村落是叙说现代性很好的场域。首先，这里是一个彝
汉杂居地区，汉人被"彝化"现象明显，从语言到风俗习惯，这是我看
到的很少有汉人如此被彝化的地方。其次，这里的现代教育最先是由基
督徒创办的，可以看到全球化的足迹。④色达村是挨近古达的一个村
落，是凉山典型的高寒山区，在这个村我开始关注生态、生育和教育的
关系。

说到田野，不得不提及我作为本地人的便利。最大的便利是我几乎不
需要"守门人"就可以轻松地介入，除了个别人对我有戒心外，我遇到的
所有人对我的访谈给予了很大的支持，甚至有些受访者还帮我想办法联系
我需要访谈的人，为我提供了很多信息和线索。因此，我很享受与他们的
交谈过程（图 1-1），访谈内容建构了整个写作框架，我在书中提到的很多

---

① 麻风是由麻风杆菌引起的一种慢性传染病，主要病变在皮肤和周围神经。临床表现为麻木性皮肤
损害，神经粗大，严重者甚至肢端残废。本病在世界上流行甚广，我国则流行于广东、广西、四川、云南
以及青海等省（自治区）。1949 年后由于积极防治，本病已得到有效的控制，发病率显著下降。

问题及相关的词汇都是从受访者的话语中得来的，是他们自己叙说了他们的现代教育。然而在田野中我也吃了闭门羹。"跟你说实话有什么用，反正你不是州长，你也改变不了现状。"在一次访谈中，一位老师的第一句话就结束了我们刚开始的访谈。

如何处理田野中的人际关系也是我在田野过程中遇到的问题。古达村小的一位老师和管理员没有任何待遇，看到他们这么辛苦地工作，在求得本人的同意后，我写了申请报告，积极向乡政府反映，希望乡里把这件事反映到教育局。田野中如何处理田野工作者与研究对象的关系？我认为田野其实不是简单、功利地搜集资料，因为"人类的科学化需要一种承认人情的科学化，而不可能是规律化或客观化。通过养人情的过程，我们可以揭露假的科学，开始发现真的人文科学。这样，'文本沙漠'才能绿化"（Harrell，et al.，2013a）[271]。

我遇到的另一个问题是如何处理"我"在研究中的角色。我是研究者，又是当地彝族人，他们把我当做局内人，对我无话不谈，我获得了比外来研究者更真实、更丰富的信息。从方法论来看，研究主体的介入会影响研究的客观性，而客观性似乎成了科学研究中唯一的法则和标准，然而彝族教育现代化并非一个纯粹客观的现象和历史，它具有特定的历史情景，以及个体的生命体验、情感和冲动，因此它是一段主客体交融的历史。作为一段历史的亲历者，作为彝族个体，我的成长经历其实就是彝族教育现代化的真实个案，因此在书中贯穿了我太多的经历和回忆，也有我在这些过程中的冲动和情感的记录。同时，这个过程必然是彝族群体的现代化过程，因此我访谈了不同年龄、职业、阶层的彝族群体。他们和我的故事建构了本书的写作框架。可见，田野不是个人随意、自由地建构出来的，正好相反，它总是嵌入并存在于一定的空间、历史、政治、学科及理论范畴之中。

图 1-1　我在村落进行访谈（Stevan Harrell 摄）

第五节　全书概述

从资本全球化、国家现代化与民族发展这三股力量之间的博弈框架来分析，结构性地解释彝族教育现代化的动态历史生成和当下的困境是本书的中心主题。在甘洛的黑彝和白彝地区、现代教育缺场的村落、彝族的高寒山区及县城内学校，我看到了这三者之间的冲突、较量与拉扯，看到了彝人在这个过程中的矛盾、彷徨和成长。

第一章　绪论

这一章主要涉及本书的研究缘由、相关的理论基础及对少数民族教育现代化的相关研究概述，同时也交代了本书的田野工作及对田野的反思。

第二章　彝族社会与现代教育变迁

这一章介绍了彝族社会发展特点和凉山彝族的教育历史。此外，本章介绍了一位彝族精英——岭光电。他是甘洛彝族的末代土司，同时也是彝族现代教育的开创者之一。在国民党统治时期，他"强征"彝族子弟上学，学习汉族文化，同时学习本民族语言，目的是学习文化知识，不受军阀残害和欺凌，使得民族强大。本章通过岭光电的个案论证了少数民族精英是民族现代化中最早觉醒的，他们最早接触族群冲突，民族自觉意识迫使他们采取实际行动来使得民族复兴，并进一步巩固其精英阶层的地位。

此外，在这一章，我还将利用广泛的口述史资料和当地文史资料，通过不同年代彝人群体的上学故事来建构甘洛地区社会变迁与彝族教育现代化的历史。处于社会变迁中的彝族现代教育经历了"上学习惯"逐渐形成（20世纪50—60年代）、"教育大起大落"（20世纪60—70年代）、努力克服汉语言文化障碍成为"国家干部"（20世纪80—90年代），以及教育选择和学生打工潮出现（2000年以后）这四个阶段。社会变迁构成了彝族现代教育发展的大背景，不仅形塑了彝族人的"上学习惯"、激发了彝族人的上学需求，同时也影响了彝族人的教育选择。凉山彝族现代教育所呈现的阶段性特征阐释了社会与教育变迁的三种类型：社会剧变—教育重构类型、社会渐变—教育微调类型、社会混变—教育失范类型。

第三章　黑白变奏

在这一章我将阐述现代性和现代教育在黑彝、白彝地区所呈现的不同样态。然而表面看来的不同样态，实质却是一个趋同的过程。这一章通过托觉村与格木村这两个黑彝、白彝族村落的就业与教育、教育与毒品等问题，论证了现代教育使得两个具有不同文化习俗的区域逐渐趋同。

第四章　麻风村的教育现代化

这一章主要围绕以下三个问题展开：一个少数民族地区的麻风村有怎样的现代教育？谁会在这里扮演现代教师的角色？这样一个被限制的地方是怎样卷入教育现代化过程的？

20世纪50—80年代这里出生的人都是文盲。现代化，或者说现代文明是以学校、医院、邮局等政府机构的逐步介入为标志的，然而麻风村的现代教育大概有30年的缺场，这种缺场竟是一种权力的深度在场而导致的。

第五章　色达村的生态、生育与现代教育

在这一章，我选取了凉山一高寒山区村落，阐释了生态、生育和现代教育之间因时代变迁而呈现的动态耦合的关系。凉山高寒山区的生态、生育与现代教育之间的制约关系是彝族人在现代化进程中对不同需求的选择结果，它体现了现代性结果的多样态，也反映了当前民族地区乡村社会的发展问题。

第六章　彝族教育的现代性结果

这一章我将论述甘洛彝族教育现代化所呈现的结果：彝族大部分学生的低学业成就与国家大量的经费投入所形成的鲜明对比，以及由此引发的社会对"教育浪费"的讨论；全球化、国家现代化所带来的双语教育水平不高及少数民族文化传承的困境；县城民族学校与普通学校之间的教育水平的差异与民族因素；县城职业中学在现代化中所遭遇的尴尬困境。

第七章　少数民族教育现代化新阐释

本章将重新阐释彝族教育现代化的内涵。少数民族的教育现代化，不是逐渐趋同主流社会的现代教育，或是一个简单的补救机制，一种事后的思考，而是从根本上将少数民族的现代教育看作一项理性时代的创造，从少数民族群体所面临的矛盾冲突去思考现代教育对于少数民族的真正含义。最根本的解决方法是允许多样性文化的存在，并提供制度空间，在一个统一的多民族国家内真正实现少数民族的权利，这是解决少数民族教育现代化困境的基本前提。

在本书中，我除了借鉴马克思的冲突理论、Harrell 的"文明化方案"的理论外，还借用了鲍曼的有关现代性的理论。现代性与后现代性是鲍曼研究的核心问题。在鲍曼看来，"现代性是一个意识到了自身历史性的时期"（Bauman，1993），它把自身的合法性、自身的物质和精神产物及自身的知识和信念都视为临时的，是最终要被替代的事物。鲍曼眼中的现代性至少包括这几个维度：科学技术的发展、国家权力的扩张、事物的不断变化、工作专业化和生活理性化。

鲍曼的著作通常把"现代性"理解为"现代文明",现代性的目标是寻求或保护美丽,保持清洁,遵守秩序;换言之,现代性的雄心就是消除丑陋、肮脏和无序(Bauman,1997)。然而,现代性并不能实现这些目标,它永远是一个"未竟的计划"。消费主义在西方社会的兴起和社会主义在苏东的崩溃都说明了这一点。正是在这样的背景下,鲍曼才出现了学术兴趣的后现代转向。

在鲍曼看来,后现代性并不是现代性之后的一个历史时期,不是"现代性的终结",它自始至终都与现代性共存;当然,社会状态从现代性到后现代性并不是一种进步。鲍曼倾向于把后现代性视为一种有别于现代性的观察问题的视角。如果说现代性往往同确定性、普遍性、同质性、单一性和透明性联系在一起,那么后现代性则往往同不确定性、多元主义、异质性、多样性和模糊性联系在一起;如果说现代性模型把现代历史的发展视为一个有方向的运动,那么从后现代性的观点出发,视历史的发展是没有方向的运动(郇建立,2005)[49]。至于现代性和后现代性的关系,鲍曼明确指出,后现代性是充分发展的现代性,是意识到自身真正性质的现代性。可见,后现代状况既可以描述为从虚假意识中解放出来的现代性,同时,它也是一种新型的社会状况(Bauman,1991)。

此外本书还借用了鲍曼的有关"荒野"与"园艺"的理论,即鲍曼所说的现代"园艺社会观","它将所统治的社会看作是设计、培植和喷杀杂草等活动的对象"(鲍曼,2002)。鲍曼把前现代文化称为"荒野文化"(wild culture),现代文化则称为"园艺文化",他认为这两种文化之间的差异是前现代社会与现代社会的分水岭,"现代性的展开就是一个从荒野文化向园艺文化转变的过程"(鲍曼,2000)[67]。

在"荒野文化"中,差异被看作自然、命中注定和永恒存在的。如种族、民族、国家之间的差异,在同一个社会中的不同等级之间的差异,甚至男女之间的差异都是自然存在的。而在园艺文化中,人类对自然的认识，对社会活动模式的看法正好与荒野文化相反。人类在园艺文化中，首先注意到的是这些差异成为了园艺文化发轫的重要基础，正是"人与人之间的这种'自然'差异被触动了，它们才不再是一种'自然'存在而表现为'历史的'，也就是说，表现为人类有目的活动的实现"（鲍曼，2000）[112]。在荒野文化的时代，"权势者的生活方式与他们臣民的风俗习惯截然不同，但前者的生活方式从未成为后者仿效的榜样；这里，权势者从不曾有意识地去从事一种改变臣民生活方式的活动，因为从未想到把后者的生活方式看作是一种'对象'，一件试图去'控制'并'影响'的事情"（鲍曼，2000）[112]。而在园艺文化的时代，权势者的生活方式被通过文化区隔、文化等级的方式强加给了普通臣民，使得权势者的生活方式成为上层，而普通臣民的生活方式成为下层。权势者不再承认生活方式的差异是一种自然性，他们期望自身的生活方式经过推广成为全民效仿的榜样，而臣民的生活则作为异类、杂草而被铲除，并将除杂草的活动作为权势者的责任，于是他们积极主动帮助臣民改变其生活方式。由此可见，荒野文化与园艺文化的本质区别在于人类是否主动地去干预生活，是否有意识地对生活环境进行改造与规划。

第二章　彝族社会与现代教育变迁

彝 族 教 育 现 代 化 的 发 展 与 困 境

　　社会变迁是人类社会普遍和永恒的现象，但"无论社会变迁的成因中是否会有教育的作用，社会变迁或迟或早、或多或少都会对教育产生影响，且最终将导致教育变迁"（吴康宁，1997）。本章将通过凉山社会变迁和教育变迁的历史来描述和阐释彝族教育现代化的发展历程。

　　20 世纪 50 年代，中国开始对境内的少数民族进行民族识别工作。民族识别工作小组依据斯大林民族历史发展五阶段论和彝族社会发展特点将凉山的社会形态认定为奴隶社会。对这样的定论，在学术界一直存在争论，尽管现有的研究提出凉山并非奴隶社会，而是历史上存在奴隶的以血缘关系为基础的社会（Hill，2001）。但是民主改革之后，"一步跨千年"，仍然成了人们慨叹凉山由奴隶社会直接跨入社会主义社会的常用词。接下来的凉山社会开始了追赶，希望早日进入"先进民族"的行列。而现代教育无疑是最理想的途径，它力图去掉差异，并努力使其具备先进民族的文化和价值观。然而并不是所有的现代教育会使得每个民族都能达到一个同一的结果。凉山彝族的教育现代化历史充分体现了现代化普遍力量遭遇历史特殊性与文化差异力量的冲突与矛盾。

　　在本书中，我把凉山彝族现代教育的起始阶段定位于凉山进行民主改革后。其理由是尽管自清朝（1644—1911 年）起，中国统治阶层和知识分子将制度化的教育视为融合、控制、文明化那些生活在边境和边远地区人群的方法，但由于凉山特殊的地理位置，中央王朝在教育上的同化作用并未渗透凉山，很多地区在 1949 年之前几乎没有正规的学校教育体制，大部分人也没有上学的习惯，接受教育的只是零星的上层阶级的孩子。民主改革之后，凉山彝族地区大力办学，彝族形成了上学习惯。因此，凉山彝族的现代教育始于民主改革后。

第一节　凉山彝族教育

根据凉山的社会发展与外界互动情况，本书将民主改革前的凉山彝族教育概括为前现代时期的彝族传统教育、土司制时期的彝族教育、外国传教士与彝族教育，以及民国时期的彝族教育这几个部分。从以下几部分我们可以看到传统彝族教育在中央政府与西方势力之间的冲突与博弈。

一、彝族前现代时期传统教育

我把民国以前的凉山彝族传统教育统称为"前现代教育"。彝族社会中早已有学校教育，彝文和学校教育应该是同时产生的，在彝族社会历史中存在着的"伙得玛得（教养之地）"就是原始的学校教育（曲木铁西，2009）。但真正的现代学校教育是 1956 年民主改革之后才开始的（马文华，2015）。这是因为在民主改革以前，凉山彝族一直没形成普遍的、成系统的学校教育体制。前现代的教育形式，依据曲木铁西对凉山传统教育的分类来看有五种：家庭教育、学校教育、社会教育、自我教育、自然形态教育（曲木铁西，2009）。

我在这里主要谈及家庭教育和毕摩①教育。凉山彝族社会在历史上就非常重视家庭教育，信奉着"依惹依可读，苏读勒鲁（自己的孩子自己不教，处处为难）"的教育信条。在传统彝族社会中，青少年的教育主要依

---

① "毕摩"为彝语音译词，"毕"有"举行祭祀作法祝赞诵经"之意，"摩"是长老之尊称，"毕摩"是"掌天命神权念诵经文的长者或老师"。（杨兆云，单江秀. 论彝族毕摩的角色. 云南民族大学学报，2007（5）：113.）

靠家庭教育来完成。彝族的家庭教育以伦理、品行教育为主，彝族的教育经典《玛牧特依》也阐明了人从出生到衰老进行品性教育的重要性，并依据个人成长的不同特点，提出了每个时期所行之事。家庭教育的内容丰富，形式多样，家长负责教育子女在衣、食、住、行等方面的行为礼仪，如"长辈入室，须让其上坐；路遇长者长辈，须下马站立；男女之间，翁在，媳远避，兄在，弟妇远避"等。除此之外，以祭祖而进行的家谱和宗教教育也是彝族传统社会家庭教育的重要组成部分。家谱是一种记忆家支世系的口传谱牒，构成方式主要是父子连名，传统社会中彝族孩子很小时长辈就要求其背诵家谱。

　　在家庭教育中，父母对子女的教育有不同分工，母亲侧重教育女儿，父亲侧重教育儿子。"彝族家庭教育做这样的分工自有它的道理，因为儿女长大后对生理方面的知识，异性父母有难于启齿之处，父亲教育儿子、母亲教育女儿较为方便。""父亲对儿子的教育内容主要包括生产、生活知识，乃至如何打仗、隐蔽、进攻、抓俘虏、撤退等。儿子进入青春期，父亲教他如何结交朋友，如何为人处事。然而母亲要教育女儿挑花、缝补、做饭，女儿进入青春期，要教育子女自重，不要做伤风败俗的事。"（黄建明，等，1998）

　　在彝族的前现代教育时期，毕摩扮演了彝族前现代教育时期的教师角色。毕摩在日常生活和仪式中传播哲学、天文、历史、历法等方面的知识，同时他们也利用文字记录来传播民族文化，担当起民间教师的使命。毕摩念诵《指路经》不仅给死者之灵指路，还要教育生者要敬老、邻人要互相尊重。可以说，毕摩对生者来说是一位道德教育者。如《指路经》中所言："岳父坐中央，女婿在下面。家族人丁众，坐如青笋立。外戚团团围，个个互行礼。祖和贤孙坐，父与孝子坐。母与淑女坐，夫与惠妻坐。"（杨兆云，等，2007）在彝族的传统教育场域里，"有毕摩就有字，有毕摩就有书，有毕摩就有文，有毕摩就有史"（王明贵，等，2005）。但在中华人民共和国成立前，只有富裕人家才请得起毕摩去传授知识。

除此之外，在凉山的前现代教育时期还出现过私塾教育，但这些私塾大多是兹莫和少数的诺伙和曲诺的有钱人家举办的，受教育的大多是本家支和外亲或亲近的隶属子女。因此私塾教育并未普及。

二、土司制时期的凉山彝族教育

"凉山地区真正的土司制度①始于元朝，盛于明朝，延续于清朝、民国时期。"（巫达，2008）[155] 元朝在今四川凉山彝族自治州境内设立了"罗罗斯宣慰司"，下辖建昌、会川、德昌、安西、德平五路及二十三州。又在凉山黄茅埂以东的大凉山地区设马湖路，隶属于四川省叙南蛮夷宣抚司的管辖，下设有泥溪、平夷、蛮夷、夷都、沐川、雷波等六个长官司。清朝政府同样在凉山设立了许多土司土官，到了民主改革时还有凉山"四大土司"。尽管凉山地区并不都在土司的统治下，但凉山的土司制度一直延续到民主改革前才宣告结束（杨明洪，1997）。

为加强对土司地区的统治，元、明、清封建统治者采取政治、经济、军事控制的同时，也加强文化教育方面的控制，采取一些促进土司地区文化教育发展的措施。元朝统治者在土司地区倡导儒学。据《明太祖实录》记载，明朝统治者认为，"蛮夷之人性虽殊，然其好生恶死之心未尝不同。若抚之以安靖，待之以诚，谕之以道理，彼岂有不乐从化者哉！""对平定后的土司地区重在'教化'，并采取了一些教育措施：优待土司子弟进入当时的最高学府国子监、在土司地区设立儒学、强制土司应袭子弟入学、对土人入学采取奖励之策"（黄建明，等，1998）[562]。

---

① 我国古代的中央行政制度，明清管理西南少数民族地区的一种地方行政制度，任用当地少数民族首领担任土司长官。这种政治制度主要特征是封建王朝中央统治阶级在政治上利用少数民族中旧的贵族进行统治；经济上，"让原来的生产方式维持下去，满足于征收纳贡"。

三、外国传教士对彝族教育的影响

1842—1860 年签订的中英《南京条约》，中美《望厦条约》，中美、中法《天津条约》，中法《黄埔条约》等，使得西方列强取得了传教士可深入中国内地自由传教的特权，并得到清朝地方政府保护；在中国获得设立教堂、学校、医院、购置田产等特权。19 世纪中期以后，英、法、美等国传教士倚仗殖民政府的支持，逐渐深入到西南部分彝族地区，传教士进行的宗教活动对彝族地区的教育产生了深远的影响。17 世纪中期，西方天主教、基督教传教士开始在我国西南地区活动。1696 年，罗马教廷将中国划分为 12 个主教区，其中四川为第 6 教区，由法国巴黎外方传教会控制。其后不久清政府实行"禁教"，绝大部分传教士停止活动，少量转为秘密的地下活动。鸦片战争后，特别是"弛禁"之后，其活动又迅速增多。1900 年，义和团运动被镇压，帝国主义列强开始在中国划分势力范围，中国西南各省被纳入法国势力范围。继法国之后，英、美等国教会也向西南地区渗透。1865 年，英国传教士发起成立了跨宗派的联合组织——"中华内地会"，呼吁传教士到中国西南去传教。1875 年 2 月 21 日，在云南发生了"马嘉理事件"。19 世纪 90 年代后，他们将主要传教地区定为社会发展较落后、受儒家思想影响较小的偏远少数民族地区。传教士们学习当地的民族语言，了解民族风俗。"一些彝族聚居区也出现了外国传教士的传教活动，部分彝族由信仰'万物有灵'改信'上帝'，一些彝族子弟进入教会学校学习，成为彝族社会中特殊的宗教、文化人才。"（黄修义，1995）

1860 年，法国巴黎外放传教会把天主教传入会理，并在红布设立教堂。1885 年，又扩张到德昌、冕宁等县，1887 年传至越西。到 1910 年，天主教在西昌设立了宁远教区。在此前后，还在雷波、马边等地设立教堂。继法国之后，美、英等国传教士也接踵而至，他们在昭觉等地设立教堂、开办学校、设立医院，教会势力已深入凉山的腹心地区。据统计，1917—1946 年的 30 年间，仅法国天主教就先后在凉山地区建立了会理、

米易、红布所、德昌、永定营、黄木厂、冕宁、二四营、越西、泸沽、姜
州、木落寨子、河西、秧草坝、富林、大田坝、昭觉、西昌等天主教堂，
建立了方齐各女修会、救世主男修会、童贞院、明扬中学及公教医院，还
创办了一批教会小学。西昌天主教堂还大量收集彝文书籍，经常请彝族的
宗教主持、文化传播者——毕摩来传教，达到在彝族中传布天主教的目的
（黄修义，1995）。由于长期以来，凉山彝族社会与外界联系较少，天主
教、基督教在这一地区的传播比其他地区更为困难。20 世纪初，基督教
循道公会英国传教士伯格里就曾亲自由昭通渡金沙江到凉山彝族中传教，
后被打伤赶走。1947 年，在云南省政府主席龙云的捐助下，循道公会在
德姑、德查二处建立教会学校，并从昭通聘请教员。但"学校开学之初，
彝族兄弟不肯把子弟送去上学。经王朝顺与当地头人的多番威胁利诱，才
各收得十多个学生，凉山教会学校教育所取得的成绩也不及其他彝族地
区"（中国少数民族社会历史调查资料丛刊修订编辑委员会，1985）。

传教士对彝族教育产生的作用主要是为部分彝族子女提供了受教育的
机会。彝族聚居地区的学校甚少，能进入当时学校读书的也只有彝族地方
统治阶层的土司、头人子弟，普通百姓子弟根本不可能有上学机会。在彝
族地区兴建教会学校后，彝族子女不论贫富贵贱，只要信奉"上帝"即可
入校就读。教会学校的经费一般由教会拨给，学生免费入学或少量捐集。
在彝族教育发展史上，教会学校首次为彝族百姓子弟创造了平等的上学机
会。彝族的学校教育开始从彝族统治阶层的教育过渡到彝族普通民众的
教育，但从整个凉山彝族地区来看，这群受教育的彝族群众只是少部分。
现代教育并未在整个凉山地区普及。

教会学校传播了近代西方文化，开创了彝族近代教育。鸦片战争后，
一些爱国志士开始寻求解救中国的良方，在"中学为体，西学为用"的文
教方针指导下，学习西方先进的科技文化和教育制度成为近代教育的重要
内容，废科举，兴学校，发展实业教育，增加自然科学。由于彝族地区交
通不便，西方科技文化传入彝族地区的途径不同于中国的其他地区，最早

是通过近代外国传教士及教会学校来实现的。20 世纪初，彝族地区的教会学校就主张废除"八股"，学校开设了物理、数学、化学、地理、历史等课程，并有音乐、美术、体育，注意学生的全面发展。为让学生理解《圣经》而开设的拉丁语、英语或法语，客观上为学习西方科技文化创造了条件。教会学校教育是近代彝族教育的重要内容之一。（黄修义，1995）

四、民国时期的凉山彝族教育

　　清代及以前的政府认为凉山是外化之地，彝族是异民、边民，除了对他们进行军事统治和政治钳制以外，都随其自生自灭，从来没有对凉山彝族实行过教育举措。政府正式在凉山举办彝族学校最早开始于民国十七年（1928年）——二十四军驻军宁属屯殖军举办宁化学校，由曲木藏尧①主办，隶属于宁属垦务局，学生只有 30 多名。但是，不久垦务局裁撤，学校自然告停。民国二十年（1931 年），康边屯垦司令刘作琛驻防西昌期间，曾设立宁化学校来实现"化夷"，学生有 60 多名。学校的课程除了军事训练课外，还有汉语、识字、精神讲话、知识教育等。该校办置约 8 个月之后停办。

　　民国二十四年（1935 年），国民党第五次代表大会的宣言中指出："重边政，弘教化，以固国族而成统一""为实施孙总理民族主义之遗教，应国家当前之环境，必须扶助国内各民族文化经济之发展，培养其社会及家族个人自治能力，尊重其宗教信仰与社会组织之优点……巩固国家之统一，增进国族之团结"。而凉山所属的教育局正式实施边民教育始于民国二十六年（1937 年）。当时，宁属各县还属四川省管辖，四川省教育厅用中央补助四川省边疆的教育经费在宁属筹建省立边民小学 5 所。民国二十七年（1938 年），西康省接管四川省宁属地区，保留了原有 3 所边民小学，删去

---

　　① 曲木藏尧（1905—1940 年），彝族，四川越西人，民国时期四川凉山彝族的杰出人物。毕业于中央政治学校蒙藏华侨班。曾任夷族党务宣传员、西昌行辕上校副官，抗战期间，在修通连接滇缅公路的乐西、西祥公路时，他任筑路三支队队长，动员了许多彝族参与修路工作。著有《西南夷族考察记》《平津归来》等。1940 年，曲木藏尧被西康地方军阀邓秀廷下毒杀害。

"边民"二字，改称省立某某小学。民国二十八年（1939 年），在西昌添加
1 所省立小学，此外在雷波、马边、屏山、峨边四县也有小学的设立。

为了达到国民教育的目的，尤其是针对边民教育，国民政府筹办了各
种小学，根据各地的实际情况，采取了不同的方式：西昌小学、田坝小学
由国民政府采取就近原则在彝族聚居村落建立校舍，方便彝族学生；冕宁
小学设在县城，入学学生多为归附的彝族子女；而昭觉的 6 个短期的小
学，采取流动授课的方式，由老师将就学生轮流迁移指导。这些都体现了
国民政府对边疆、边疆民族教育的重视。

除了公办的彝族小学以外，还有彝人自己筹资建立的小学，甘洛县胜
利乡的岭光电（煖带田坝土千户后裔）于民国二十六年（1937 年）在自
己的私宅里办起"私立斯补边民小学"。

1937 年"七七事变"以后，西南地区逐步成了抗日战争的大后方。
因国内外政治局势的变化，西南地区成了整个中国政治、经济、文化的重
心。此时，西南地区的彝族便成了很受重视而且急需教育的对象。国民政
府自上而下更加重视对边疆民族的教育，为此在数次大会上一再强调对彝
族教育的方式、方法和策略。民国二十八年（1939 年）二月，国民政府第五
届中央执行委员会第五次全体会议提出了边疆教育的主要事项（表 2-1）。

**表 2-1   国民政府第五届中央执行委员会第五次全体
会议提出的边疆教育主要事项**

1. 以内地固有之语文文化渐次陶冶边民青年及儿童，力求语文与意志之统一
2. 阐发中华民族精神，泯除其地域观念与狭义的民族观念所产生的隔阂
3. 注意讲解民族融合及边疆与内地地理经济等之密切关系，以阐明国内整个民族意志与力量集中之必要
4. 维持其宗教信仰，并随时利用科学常识，以破除其有碍于智育体育进展之迷信习惯
5. 由国际时事之讲解，与团体生活之训练，以养成其爱国家、爱民族之精神
6. 引证内地及边疆礼俗，说明其利弊，知晓对于社会国家及国际间应有之态度

根据这些会议精神再加上战时的需要，并结合凉山彝族的实际情况，西
康省宁属屯垦委员会拟设"边民训练所"，为此制定了相应的《边民训练所
教育大纲》，包括总则、训练方针、教育科目、教育时间、训育、附则等。

此外，依据战时之需，还要加强军训和国语的训练。从对彝族的教育

和训练，可以看出国民政府已经把彝族视为治下的国民，关心他们的发展和进步，对他们的教育更倾向于道德教育、公民意识教育、实用教育、法律法规教育，力求将国家意志与民族的发展结合起来。国民政府还把当地彝族的文化教育作为一件重要的大事来抓，目的是让彝族学员清楚国家和民族的关系，了解民族平等的实际意义，从而消除彝汉之间的隔阂与冲突。同时，还让彝族明白抗战的意义在于求得中华民族的独立，认识到汉彝团结起来，抗战才会胜利。

　　针对民主改革后凉山彝族教育的现状，本章将通过接下来几节的内容来进行叙述，这也是本书的主要内容之一。

第二节　彝族精英与现代教育

　　现代教育在彝族地区的开展，民族精英起到了引领作用。历代的凉山彝族精英在遭遇文化冲突的过程中践行了自身的现代化过程，同时因民族责任与自身发展需要促使本民族朝着现代化的方向推进。这其中值得一提的是甘洛县末代土司——岭光电。从岭光电的求学经历及后来他在甘洛地区开展的各类社会运动中，可以洞见族群精英应对现代化的策略。

一、末代土司与他的现代教育之路

（一）求学经历与民族意识的唤醒

　　岭光电，彝族，煖带甘洛田坝土千户之裔，岭维成之子，末代土司。1913 年 3 月生于西康省越西县①田坝乡斯补村。民国时期，普通的彝民百姓未形成上学习惯，而对于当时统领一方百姓的土司阶层来讲，上学是延

---

① 当时的甘洛还未建县，属于越西县管辖范围。

续自己身份维持其地位免受异族欺凌的必要途径。作为土司后代的岭光电,自然需要学习汉人的文化知识,以便实行"世有其土,世长其民"的目的。岭光电从小就读于当时田坝有名的王学渊私塾,蒙学阶段的教育接受了"专馆"和"散馆"的教育。他在私塾学校主要学习的是《三字经》《百家姓》《千字文》。从当时的学习内容看,儒家思想早已渗透边缘少数族群的贵族阶层,其目的是对有一定地方势力的贵族和地方精英进行思想上的奴化,使其臣服于中央王朝的统治,便于管理。对于不通晓汉语的彝族学生来说,这些学习的内容犹如天书,因此岭光电在回忆中提到"我们不懂汉语,读而不知其意,等于念经咒……学生一句不懂,可听人说有学问的人才能讲解圣谕"。(岭光电,1988)[28]

当时的贵族阶层开始办私塾教育,其办法是聘请汉族老师来对自己的子女进行教育,这不免会发生所学内容与彝族传统宗教的冲突。这在岭光电的上学经历中可以体现。当时岭光电的母亲和一些头人,见岭光电的父亲和幺叔相继去世,认为村上鬼多,不宜办学,读书的嘈杂声惹怒鬼怪,酿成病症,就请陈先生到别处办学。岭光电回忆道:

"读了三个月,以夫(人名)的母亲生病,有人说因读书声惹怒了山神所致。叫我们停止念书……为此事,还请了毕摩不断前来念经,每次都杀牲,我乐得吃肉。陈师傅来馆闹嚷,暂时回家。不久以夫的母亲去世,母亲则说地方不清净,决定把馆移回家中。"(岭光电,1988)[28]

当时在私塾教书的先生大多是汉人,汉人先生在一部分上代替了传统毕摩的职责,同时,传授内容从彝族传统知识变成了儒家的思想。在一些事情上,汉族先生扮演了彝族"德古"的角色。岭光电回忆道:

"当时塾师不仅负责教书,还解决当地的纠纷(身份可谓'德古'),当时王家客人比较多,彝汉都有。一般不论他当总团与否,都来找他解决纠纷,三言两语能在家解决的就解决了,不行的就到茶馆来评理。这时,王师与有关士绅坐到上面,当事人分坐下面和别桌,各自诉述。待士绅评论是非曲直后,提出解决办法。如不服,王师则小声劝解,或大声说理,纠纷总能了结。有人说他时常受贿，我看他言辞清楚，说理服人是真的，从没见他压服人，受贿也不会多的。至于来往人送点青豆米、嫩包谷、新米等是常见的。"（岭光电，1988）[30]

作为贵族阶层的岭光电，他的命运自然和当时的统治政府所采用的民族政策息息相关。1927 年，国民党推行"改土归流"，其母被杀，岭光电只身逃到汉源。他求川边防军总司令羊仁安保护，被其收养。岭光电进入西昌上学时，羊仁安鼓励岭光电说："当土司时，是个连长来也要让步，为啥？就是没有知识本领的关系。你若想当好土司，还得有知识本领，有了知识本领，不说一个连长，就是像我一样的司令也不敢随便打整你！"可见，现代文化知识是保证彝族精英阶层维持其地位，并获得保护的门槛。小学毕业后岭光电考入西昌县中学，初中毕业后考入成都华阳联中读高中，高中毕业后于 1933 年 5 月考入南京国民党陆军军官学校第十期。

岭光电在外接受现代教育的过程也是他的民族意识逐渐觉醒的过程，当他融入主流文化，作为弱势族群遭遇强势族群时，自身认同感、警惕性和危机感就增强。而在这个过程中，遭到的耻笑是最让他刻骨铭心的，岭光电在《忆往昔》中提到：

"在西昌上高小时，一姓朱的工友在自习添灯油时，不添我的，经我要求，添是添了，可是大声说：'蛮子也变了，来读书了，不抢我，要我给他添油，世道变了！''蛮子'二字多么刺耳，我准备要动武，见他人大有力气，估计打不赢，忍受了事。"（岭光电，1988）[35]

岭光电后来之所以在家乡办教育、破迷信、兴医药、兴体育、励植树、禁鸦片、绝抢劫、废勒索、免招待等一系列社会改革运动，不仅是他将之前所学付诸实践的民族现代化运动，同时也是他想要消除别人对彝族"蛮子"的污蔑称呼。

（二）办学，为民族复兴

当中国对外战争屡遭失败，被迫签订一系列不平等条约之时，中国的少数民族也必然思考自己今后的地位与权益如何加以维护的问题。少数民族的精英们在此过程中开始逐渐接触来自欧洲的"民族"概念和接受"民族自决—民族独立"政治理论的影响，他们及他们的族群在此种环境下面临着多重选择，"他们需要在效忠中国中央政府还是依靠外国寻求独立之间作出选择，或者徘徊于两者之间"（马戎，2010）。

民国时期，与中国的不少仁人志士远涉重洋到西洋求学又回国进行民族复兴道路一样，在国内，彝族精英阶层也在进行着相似的社会运动，他们接受了汉文化的洗礼，带着抱负将这些文明之物带回家乡，希望自己的家乡能来一场狂风骤雨般的变革。欲变革社会，就得有有文化之人，于是兴办现代学堂成了首当其冲的任务。自然，岭光电也不例外，作为彝族的精英阶层，他们从自己在外的成长经历中，深刻感受到由于不知晓汉族文化所遭受的欺凌。于是 1937 年 2 月，岭光电在恢复土司职位的一个月后便利用自己的私人住宅，办起了"私立斯补边民小学"。

恢复土司职位后迫不及待办学的原因，岭光电（1988）[119] 自己归纳为以下几条：

1）他认为在过去包括他自己在内的彝族遭受军阀残害，是由于彝族人没有文化知识、没有地位的缘故。而办教育提高彝民的文化知识，抵制军阀的残暴避免再受残害的同时，也能保土司江山稳固，求得彝族安居乐业。其次，岭光电在外见到文化较高的民族，到处受到重视和尊敬，彝族则既不为人所闻，也不受重视。龙云当了云南省政府主席，却不敢直接暴露族籍，原因是彝族文化较低，作不了他的后盾。岭光电想培养出若干知识分子，既为了他的名誉地位，也促成彝族文化知识的提高，达到彝族和其他民族并驾齐驱，受到重视，求得政治上的平等地位。

2）古书上的"作之君，作之师"之语，给他深刻印象。认为自家数十代的土司，只是做了君，还没做师，故使彝民落后。在他的手里做到君的同时，也应该做到师，提高彝民文化知识，以弥补祖先之所失。

3）在改土归流时，土司百姓深受苦难，他家所有财富全被掠夺。现在他职位恢复了，也恢复了天地。有了财富就应用在该用之处，用在受尽苦难的百姓身上，用在树人之上，使土司与百姓都有能力抗拒外来压力。

4）环境是复杂的，动辄有嫉妒，有压力，有争权夺位者。只有办教育，自己出钱出力，既清高，也不会有人来争夺，可以安静地做对子孙后代有益的事。

但在那个时期，在彝族地区办学并非一件容易的事：一是，彝族百姓没有上学习惯；二是进学校意味着家中将缺少劳动力。因此，要将彝族人家的孩子招到学校读书是一件困难的事。岭光电自己也有提到，"有些头人和百姓，就认为办学是多余的事，徒使他们受读书之苦，读了书也不会当汉官、当土司。当彝族，终归还是在家挖土种地了事"（岭光电，1988）[120]。

好在岭光电是土司身份，彝谚语有"蛋以鸿雁蛋为贵，话以土司话为准""土司语似布谷鸣"。彝族受传统主从思想支配，因此即使不情愿让孩子上学，但也不敢违背土司的意愿。岭光电自己也提到他办学之时是将压力和便利结合起来，学校才得以办成功。我访谈当年在岭光电所办的学校读过书的老人时，本乃尾且老人谈道："当时土司规定，一户家庭有两个男孩的，至少有一位必须上学，如果不去上学就要被罚款。我父母没上过学，对读书没什么概念，只是略知读书的一些好处，让我读书是因为怕被土司罚款。"

岭光电虽知彝民受欺凌是因不懂汉文化知识，但对自己本民族的文化也有较高的认同意识。因此，斯补小学开设彝文，岭光电亲自教授，但由于还有其他任务在身，他在学校的时间并不多。除此之外，重视彝民的身体健康，在学校开设体育课，聘请武术教师来教武术课。在操场设沙坑、爬杆、单双杠、篮球场等，供彝民和学校使用。入学者不仅免交学杂费，还供应书籍、文具及部分清贫学生的伙食。当时被供伙食读书的清贫学生共有 15 名。学生毕业后，又以直接补助或间接贷粮取息补助的方式，送入公费学校升学。

自 1937 年私立斯补边民小学建立到后来 1956 年甘洛县民主改革，国家开始正式兴办、普及现代教育，这十几年间"斯补小学"培养了知识分子近 200 名。这些学生在中华人民共和国成立后大多受政府任用，在凉山民族工作中起了作用，如四川省人大常委会原副主任孙自强，就是优秀代表之一。

在田野工作中，我找到在当时岭光电办的斯补小学上过学的马六斤老人，他向我讲述了在他记忆中岭光电办学时的情景：

"当时岭在斯补办小学，让彝族孩子进校读书，老师有彝族还有汉族，彝族老师主要负责教彝文，岭自己编写彝文教材。并让自己的保安把学生送到越西读书，给他们送米。岭鼓励彝族孩子，好好学习，以后当了干部，就不会像农民一样辛苦，他跟学生开玩笑地说：'以后你们当干部，我来给你们扫地了。'"

"此外，"另一位见过岭光电本人的彝族人谈道："岭光电的个子很高，当时我在斯补小学读书时他已经不常来学校了，估计有其他事情，我见过岭两次。有一次我正在学校门口玩，岭过来问我：'你是谁家的孩子？'他说话的声音很大，我有点害怕。我说：'哦目家的……''你父亲我认识。你好好学习，将来做个有出息的人。'岭鼓励我。岭还让我跟着他去，他拿了些糖给我吃。"

岭光电无时无刻不在鼓励彝族后代学习汉文化知识。但其办学的目的主要是为了巩固自己的土司地位，求得彝族的安居乐业。其次，岭光电办学也是为了消除彝汉隔阂和彝族内部矛盾，在他自编的教材中用彝语提到，"彝族是人，汉族也是人，彝族和汉族是一家人"。

二、新时期彝族精英与教育现代化

随着 20 世纪 90 年代外出打工人群的出现，毒品、艾滋病等开始逐渐在彝区出现。与岭光电时期彝族精英开办学校的情景不同，此时期的民族精英则在彝区开展了一场教育的扶持和救助工作。

在凉山州盐源县白乌镇的羊圈村有一所叫"羊圈小学"的村小。这所学校是美国学者 Harrell、法国学者魏明德（Benoît Vermander）和中国的汉族学者李星星于 1999 年共同出资修建的。这所学校最初的发起者，则是他们的彝族朋友凉山民族研究所所长马尔子。当时因看到彝区吸毒问题的严重性，法国学者魏明德有想在彝区办戒毒所的想法，但马尔子认为戒毒所并不是长久之计，如果能在羊圈村修一所学校，给孩子上学和成功的机会，他们就不会去吸毒。在访谈 Harrell 时，他谈道："我、马尔子还有李星星，在 20 世纪 90 年代末，也就是修建学校之前做了入学率的调查，我们发现 7～13 岁儿童的入学率不到 30%，'偏水'（地名）更差，不到 20%。建学校是马尔子的想法。其实按照地理条件，那个时候羊圈村并不需要一所学校，羊圈村离白乌镇不远，50 年代就有孩子走路到白乌镇上学，但村民希望有自己的学校，引起家长对孩子上学的关注。"

此外，2005 年 Harrell 发起组建了"凉山教育促进会"，这个小型的基金会资助从羊圈小学毕业升入高中、大学的彝族学生。2011 年，该小学毕业的第一届 34 位彝族学生中，有 3 人考上大学本科，另外 12 人考上四川省内各大专院校，这是羊圈村有史以来考上大学人数最多的一年。截至 2016 年，从羊圈小学毕业的学生大约有 400 人，考上各类大学的有 101 人，这其中 87 人考上专科，14 人考上本科。截至 2016 年，这些大学生中有 36 位已经毕业，有不少返回凉山担任教师、公务员等工作。

除了"羊圈小学"外，在凉山由彝族学者建立的本土非政府组织也在从事着教育扶贫的工作。2005 年，中央民族大学的侯远高、木乃热哈等彝族学者发起成立了"凉山彝族妇女儿童发展中心"。该中心成立的最初动因就是为了拯救受毒品和艾滋病伤害的彝族群体。本着"社区自主、社会自救、文化自觉、民族自强"的理念，"中心"开展了因毒致孤儿童救助和儿童教育、艾滋病预防和关怀、农村青少年就业和创业培训、扶贫和新农村建设、紧急救援与灾后重建等项目。而中心最核心的项目是通过爱心班模式，把孤儿集中到中心小学办全寄宿制的爱心班，使孩子从生活、学习、心理各方面得到综合的救助。自成立以来，"中心"先后在布拖、昭觉、美姑、越西、喜德 5 个县办了 12 个爱心班，并在美姑县创办了一所"索玛花爱心学校"。在"中心"的影响和带动下，社会上其他组织和机构也陆续开办了 30 个爱心班，使 2000 多名孤儿获得了长期稳定的救助。在这所"中心"工作的员工和志愿者大部分是高校毕业的彝族大学生，也包括研究生和博士生，他们作为彝族成长起来的新一代大学生在现代社会中面临着个人发展的机遇与限制，同时，也不忘关心本民族在当下的困境与未来的发展。

在现代化发展进程中，涌现了很多救助基金和扶贫组织。20 世纪 90年代末至 21 世纪初，国外部分救助基金开始向中国西南地区倾斜。"凉山彝族妇女儿童发展中心"的成立和运行正赶上国外慈善基金的全球化发展，该中心最初的救助资金大多来源于国外，例如世界银行、福特基金、中美商会等。Harrell 成立的"凉山教育促进会"的资金也大多是国外爱心人士捐款而来。从以上所提及的案例中可见，少数民族的精英阶层凭借自身的民族责任，以及在现代教育中习得的文化知识，架起了民族发展与全球化之间的桥梁。

马克思主义历史观认为，是人民大众创造了历史，但一个不可否认的事实是，地方精英或民族精英对推动历史进程发挥着重要作用。"精英人物通常因为自己的权威、视野与经验可以对民族群体行为起引导作用。"（关凯，2002）因此我们可以看到在彝族教育现代化的初始阶段，彝族精英成了"现代性的代理人"，他们找到从"传统内部生长出来的'文化掮客'，通过说服、鼓励和支持'文化掮客'的活动，来将'现代'引入'传统'之中"（巴战龙，2010）[153]。此外，需要补充的是，在新时期的国家现代化过程中，少数民族精英可以直接获得与国际对话的机会，并通过与国际接轨，获得国外资金的资助，因此少数民族精英阶层在新时期依然扮演着"现代性代理人"的角色。

第三节　甘洛现代教育变迁

在历史上不曾有现代学校教育的少数民族地区，随着社会变迁，其现代教育发展呈现了什么特点？以下通过甘洛社会变迁与现代教育所呈现的特征来阐释彝族现代教育的发展历程。

甘洛县内居住着彝、汉、藏、回等多个少数民族，据全国第六次人口普查，甘洛全县常住人口为 195 100 人，全县户籍人口为 215 805 人，该数据说明甘洛县有长期外出务工的人口。全县常住人口中，汉族人口为 45 410 人，占 23.28%；各少数民族为 149 690 人，占 76.72%，其中彝族 46 558 人，占 31.10%。[①]

甘洛县是中华人民共和国成立后越西县境内新设的县，其历史多附随越西县。1913 年越西废厅置县，甘洛地方设海棠区，辖海棠、启明两乡。彝族地区，在甘洛的两土司（"煖带密土千户"与"煖带田坝土千户"），实施"共和"后，虽未册封，但其后裔仍在原辖地行使职权。尼日河东南的黑彝统治地区，政府未在此建立政权机构，是政令不达之地，"家支"具有行使政权的一些职能作用，是比较封闭的社会。

1950 年 3 月，海棠、田坝等汉族地区首先解放，经"清匪、反霸"、土地改革后建立了区、乡人民政权。1954 年 10 月，中共西康省委和中共雷波工委，分别组建了"岩润工作团"与"甘洛地区工作团依乌里克分团"，于 12 月 1 日和 2 日，分南北进入甘洛彝族聚居区，进行了民主改革。1956 年 12 月 11 日，甘洛县人民委员会正式成立，新的县级政权诞生。

---

① 数据来源：甘洛县政府"第六次人口普查"宣传栏公示结果。

一、1956 年以前的甘洛教育

甘洛现代教育的起源地是彝汉杂居地，对于甘洛来说，就是彝汉杂居地的海棠和田坝。海棠是一个彝、汉、藏（尔苏）杂居地区，南邻越西、北接汉源，古西南丝绸之路，清西灵关道，从南到北纵贯其境。这里曾是当时的政治、经济、文化中心。中华人民共和国成立前的甘洛除了海棠、田坝彝汉杂居区有少许私塾外，大部分地区没有学校。甘洛最早的办学形式是私塾，但始于何时已经无从考证。根据《越西厅志》记载，早在清道光十六年（1867 年），蓼坪、海棠办有义学①，后有海棠人蒋春照（清代"优贡"，人称蒋贡爷）在海棠兴办私塾，培养了一些秀才，这些秀才又分别在海棠、田坝办起了私塾（包括岭光电办的"斯补小学"）这些私塾有的设馆在家，有的设馆在庙宇祠堂，均是一馆一师。学生年龄差距大，学习程度不一，人数每馆十几人或几十人。这些私塾一般都是"蒙馆"（亦称"蒙养学堂"），选用《三字经》《百家姓》《千家诗》《千字文》《女儿经》等启蒙教材，相当于小学文化程度，唯有海棠的孙奠照办的私塾与田坝王学渊办的私塾较为高级，除所学者受启蒙教育外，年龄大的学生读《四书》《五经》等古典文学，开讲，不但读书识字，而且还教学作文，相当于中学文化程度，被人们誉为海棠、田坝的"最高学府"（甘洛县教育志，1992）。[13]这种私人捐资或学生家长出资的私塾一直延续至清末民初。

"民国元年（1912 年），南京临时政府《普遍教育暂行办法》中规定：将清末民初的各类小学堂改称高、初等小学校，根据这一规定，甘洛地区的私塾逐步改称初等小学，塾师经过短期培训充当初等小学教师。"（甘洛县教育志，1992）[139]

据《川康边政资料辑要》中的《越西概况资料辑要》记载：民国十八年（1929 年）甘洛县境内有不少初等小学，而在彝族聚居区的玉田、苏雄、普昌、斯觉、吉米等地没有任何办学形式，老彝文掌握在少数毕摩、

---

① 由一族或一村的乡绅捐资办学，供族人或村人的贫困子女上学的学堂。

苏尼手里，其传播方式是耳闻口授。

　　民国四年（1915 年），国民政府教育部《国民学校令》又将初小改为"国民小学"，直至民国二十九年（1940 年）公布的《国民教育实施纲要》推行国民教育制度，各乡（镇）设中心国民学校、各保或联设保国民学校。从民国十八年（1929 年）至民国二十六年（1937 年），甘洛先后办有海棠、田坝两所中心国民小学，斯补小学（建于民国二十六年，1937年），以及蓼坪、腊梅等 18 所保国民学校。这些学校均由保长任校长，国民党中央政府和地方政府都不拨资办学，全靠当地的庙产、牙行斗称、磨课等租税集资来兴办（甘洛县教育志，1992）[16]。

　　1950 年 3 月，田坝、海棠相继解放。当时管辖甘洛的越西县人民政府对学校进行整顿，将中心国民学校改为乡（镇）中心小学校。废除保、甲制度，改保国民学校为村小，把"斯补边民小学"改为"斯补民族小学"，把由当地社会集资兴办改为国家拨款的公办学校。斯补民族小学则实行全公费，国家包学生的吃、住、学习用具等。我找到当年在斯补民族小学上过学的沙玛各各老人进行访谈，老人回忆道：

　　"我是 1946 年生的，当时我们上的'斯补民族小学'是一所寄宿制学校，只招收彝族，远地方的学生可以住校，如沙岱、苏雄的学生在这里住校。学校供吃供穿，一年三套衣服，冬天有棉裤、棉衣、帽子，夏天有单衣一套。吃得很好，早上馒头、稀饭，中午和下午都有米饭，一个星期有两顿肉，炊事员多，春节的时候就办酒碗，专门优待我们彝族。有两三百学生，住校生的被子也是上面发的。我是 1958 年开始读书的，当时的老师大部分是彝族，是越西人，他们是师范毕业的。大部分时间学新彝文①。

　　"彝族老师上课给我们说彝语，汉族老师说汉语，汉族老师有 5 个。后来开始学汉语了，我们就跑了，因为人在教室、心在外面，我们彝族学生

---

　　① 1951 年，中国政府成立了全国（语言）委员会指导开发少数民族文字。最终为 10 个少数民族创设文字，包括壮族、白族、苗族、彝族、哈尼族、傈僳族和纳西族等。与此同时，1952—1957 年，有一部分语言学家用拉丁文字母代替了古彝文字，认为古老的彝族文字在现代社会不实用而被取消了。这里的新彝文是相较于古老的毕摩文字，即老彝文而言。

笨，张嘴就读，但眼睛不看书，后来只学会一些彝文拼音，仍然不识汉字。"

据上过学的老人回忆，进校的第一件事是给彝族学生取汉名：

"我们村主要住了阿测（李家）、勒布（罗家）、哦目（骆家）、架日（蒋家）、莫（马家）。当时我们在学校用的都是汉名，是老师取的。班主任老师给我取的名字是马春严[①]，我现在户口上用的依旧是汉族名字。"

我们可以看到，现代学校教育的"化夷"已经形成了一套系统，大到政府拨款办教育、派汉族教师、设置标准课程，小到给彝族学生取汉名。给彝族学生取汉名的原因：一是彝族名字长[②]，汉族老师叫着不习惯；二是拥有汉名是"文化人"的标志，同时也标志着汉化的开始。

二、20 世纪 50—60 年代："上学习惯"逐渐形成

据越西县 1951 年 8 月统计：甘洛县地区彝汉杂居地海棠乡、启明乡共有成人 9724 人，文盲占 90%以上，其余少数民族聚居区，文盲在 95%以上，绝大多数人"目不识丁"（甘洛县教育志，1992）[139]。因此，我们可以说建县以前的甘洛地区，尤其是彝族聚居地区的彝族孩子是没有上学习惯的。而所谓的"学龄前"，对当时的彝族孩子来说，刚好是赶着羊群上山放羊的年龄，稍大一点的孩子已经可以帮着家里干农活，长到十五六岁成家，彝族祖祖辈辈都是这么过来的，上学从来不会在他们的生命活动中。1956—1958 年，在凉山彝族地区进行了以协商和社会动员为主调的国家制度与社会意识形态之整合的民主改革运动（马林英，2012）。民主改革后，甘洛开始大力办学。而有关教育，甘洛百姓会谈到一个词——"上

---

① 我问老人的汉族名字怎么写，他说"怎么写都可以"，可见老人不会写自己的名字。
② 甘洛的彝族名字一般为 4~5 个字，甘洛白彝和黑彝取名方式不同。例如：白彝根据孩子在家中的排行而取名，且男女排行的叫法不同。男的排行依次是阿木—木乃—木呷—木基……女的排行依次是阿衣—阿呷—阿支—衣格……甘洛部分彝族名字是彝族姓加上名，如文中提到的沙玛果果，就是家族姓"沙玛"加上名"果果"，而部分则直接用排行加名。

学习惯"。白彝地区的老人会说："他们黑彝地区没有上学习惯。"而当地的汉族老人则会说："彝族（包括白彝和黑彝）以前是没有上学习惯的。"在《甘洛县教育志》中也有相关记载，"民国十九年（1930年），越西县国民政府始在甘洛地区提倡民众教育。甘洛地区大部分是少数民族聚居的'化外之地'，政府无力辖治，民众教育无法开展；部分彝汉杂居地，亦为落后地区，地瘠民贫，民众教育举步维艰，难以实行。"甘洛县1956年建县以后，陆续开始了办学活动，1956年，仅田坝地区的小学就已发展到15所，其中民族小学发展到4所。大规模学校教育的出现，使得教育在彝族地区逐渐普及，放羊娃不再赶着羊群上山，而是坐在教室里学习汉文化知识。因此，现代教育在彝族地区的真正开始应该是"上学的习惯"的形成。

开始兴办教育的彝族地区，"上学"作为一种外来事物，其中的排斥、冲突是显而易见的，建县初，动员彝族孩子上学成了当时民主改革工作队的一项任务。解古赤和老人回忆说：

"1958年我被招去读书，9岁左右开始上一年级，在甘洛县普昌民族小学上学。当时上学是被迫的，有人宣传、动员号召，说了读书的好处，我们才入学。我们先学汉语拼音字母，我的父母都是彝族，父母一句汉语都听不懂，但是老师很负责，教学从头到尾用的都是汉语。刚开始学得很吃力，听不懂，后来逐渐就能听懂汉语了。"

上学对于彝族孩子来说是个稀罕事，到学校里学一些平时日常生活中不曾听过也不曾见过的事物。被访者阿木史日老人至今还对那会儿村落里刚办起学校的事情记忆犹新："1957年我在山上放羊，山沟能听到读书的声音，我听着很高兴，很舒服。听到他们的读书声，我神经短路了，也不管羊子吃庄稼，一路冲到学校。"

其次，报名、考试等作为学校教育的重要环节，对于最初接受现代教育的彝族孩子来说，并不清楚是怎么回事。民族中学的蒋木基老师回忆道："我不记得我上小学有没有报名，我只记得我和别人一起去玩，看别人去学校，自己也就稀里糊涂上了学。后来小学上完，也不知道上初中要考试。有一天，我在河边玩，遇见几个同学，他们说要去考试，我就跟着他们参加考试，无意中考上了初中。"

上学是如何从彝民的生活中出现，进而变成一种习惯的呢？这与中华人民共和国成立后不久，国家对少数民族地区实行的文明化方案是齐头并进的。在中华人民共和国成立之初，与其他大部分少数民族一样，彝族社会在经济、社会、科学技术上发展滞后，亟需人才对彝族社会各方面进行改造和发展。因此现代教育对少数民族进行了一场"文明化"的过程，要求彝族学习汉文化知识，改掉陋习，破除迷信。但具体来说，彝民从祖辈那里沿袭了多年的放羊生活变为上学活动，或者说形成"上学习惯"主要有以下四方面的因素。

（一）大力办学

扩大办学规模是尽快让彝族提高文明水平的最佳途径。建县后，在国家政策的指导下，甘洛的办学规模迅速壮大，表 2-2 是甘洛县 1950—1965 年小学办学情况统计结果。

表 2-2　1950—1965 年甘洛小学办学情况

年份	学校数/个	学生数/人	教学班/个
1950	5	200	—
1956	15	2312	65
1958	32（除海棠外）	4164	110
1961	70	5274	204
1962	38（调整）	—	135
1965	95	6641	196

注：1959—1962 年，在国民经济出现严重困难的情况下，根据中央"调整、巩固、充实、提高"的总方针，以及《全日制小学暂行工作条例（草案）》精神，对全县学校的发展进行调整，停办了部分学校，精简了部分教师。

资料来源：我依据相关资料统计得出以上数据。

1950 年到 1965 年，甘洛的小学学校数从 5 所增长到 95 所，学生人数从 200 人增长到 6641 人。学校规模的不断壮大与国家政策的颁布实施有着直接的关系，尤其是 1958 年国家提出"两种教育制度、两种劳动制度"和中央关于"两条腿走路"的办学方针。学校教育要在普及的基础上提高、在提高的指导下普及，整顿、巩固，积极发展，开办多种形式的学校，大力提倡群众办学。此时期正值国家"大跃进"年代，在各行各业大跃进、教育也要大跃进的形势下，要求平均每五公里内，凡有 40 户人口居住的地区都要办学。力争实现"队队有学校，家家有读书声"，掀起一个群众办学的热潮，不少公社的党政领导组成建校委员会，动员群众献工、献料……校长由党委书记或社长兼任，一时间复式班、巡回班、早班、午班、晚班，一揽子学校等像雨后春笋地发展起来。1958 年到 1961年，短短 3 年，全县小学就由 32 所发展到 70 所；班数由 110 个增加到204 个；学生人数由 4164 人增加到 5274 人。1962 年民族小学由 1958 年的 32 所调整到 38 所，全县学龄儿童入学率达 54%。[①]

1958 年，我国进入"大跃进"时期，中国共产党八大二次会议提出"鼓足干劲，力争上游，多快好省地建设社会主义"的总路线，同时提出了"超英赶美"的经济发展战略。为了推进"大跃进"，1958 年连续制定和实施了一系列改革措施，扩大了地方和企业实权，下放了包括教育管理权在内的多项权利。由于教育权利的下放，开始出现了中央部门、地方产业部门、教育部门、劳动部门、厂矿事业单位等多种渠道办学的局面，各类学校无限制地扩大招生规模。

当时上学的老人回忆道："建县后办起学校，人们读书欲望很高，早、中、晚都有开班。当时搞'大跃进''共产风'，早上十五六岁的孩子上早班，上完后可以去劳动，中午学龄儿童（那个时候 7、8、9、10 周岁的都有）上学，晚上给成人开展扫盲教育。当时的学校很热闹，老师也很辛苦。住得远的学生还自己带粮食在学校做饭吃。1957、1958 年的'大跃进''人民公社'，农村搞千斤粮、万斤粮，种洋芋、稻子，密密麻麻得

---

① 资料来源：《甘洛县教育志》。

种，肥料跟不上。人们只能饿肚子，学生读不起书，农民也种不起地，当时玉米棒子都蒸来吃了。最后学校都瘫痪了，老师也饿，剩下几个孩子。一个学校只有三个班，一个老师教两三个孩子。"（阿木史日访谈内容）

（二）补充汉族教师

大规模的办学，需要大量的师资，中华人民共和国成立之初，95%以上人口为文盲的彝族地区师资严重缺乏。于是，国家颁布政策，鼓励汉族到少数民族地区帮助少数民族早日提高文化水平，"抢救落后"。"1957 年 8 月 4 日，由乐山抽调中师毕业生 23 人到甘洛县。"[①]"1965 年 1 月 30 日，省知青办公室安排南充市 313 名知识青年到甘洛插队。"[①]这些知青有部分补充进了甘洛的教育队伍。其次，从以下的统计结果我们也可以看到汉族教师在彝族形成"上学习惯"上起了关键的作用，为彝族地区补充了大量的师资（表 2-3）。

表 2-3　1950—1965 年甘洛小学教师人数统计表　　（单位：人）

年份	教师	少数民族教师	汉族教师
1950	20	—	—
1956	74	14	60
1958	136	17	129
1961	298	18	280
1962	247	—	—
1965	295	16	279

资料来源：我依据相关资料统计整理。

从表 2-3 统计结果中可看出，1950—1960 年彝族地区的老师大多是汉族，且大多是外地来的汉族。汉族教师不仅知识丰富，而且认真负责。我的访谈对象中，上了 60 岁的老人回忆自己当年上学时，都给了这些汉族老师很高的评价。解古赤和老人回忆道：

"那个时候我们和老师的关系很好。老师交代不能做的事情，我们

———————————

① 资料来源：《甘洛县志》。

就不做，老师布置的作业我们认真完成。当时我们的老师是汉族老师，唐老师是成都的，张老师是遂宁的，这些老师素质很高，他们教我们道德品行、文明礼貌，苦口婆心地教我们少数民族学生，还到家里叫我们去读书。我们读书时是没有鞋穿的，晚上放电影，我们高兴得不得了，没吃饭，晚上就睡在教室桌上，老师把自己身上的毛衣脱给我们，那时的师生关系很好。他们到我们彝族地区，觉得我们各方面的条件很差，所以我现在死心塌地地跟着共产党走，它对受苦受难的人关心、爱护。"

还有一位老人谈道："我们读书年代，大部分是汉族老师，彝族很少，我们作为一个放牛放羊的娃儿进学校，老师教我们，我们认真学，内心想好好读点书，没有共产党就没有新中国，共产党培养、教育我们，给我们饭吃，那个时候我们很自觉，很遵守纪律，这些汉族老师很负责任。当时师生关系很融洽。我们尊重老师，老师认真教我们学文化。"

刚办学的甘洛彝族地区，对彝族进行文化教育的不仅是外地来的教师队伍，也有成昆铁路修建期间的汉族工人。修建成昆铁路时，驻在甘洛县苏雄区的铁二局六处在帮当地百姓修水渠的过程中，发现由于山高路远，寨子里六七个孩子该上学却没有去上学。班长徐光火主动向政委赵济提出，他要去大老姆坪寨子开办个夜校，教孩子们认字读书。政委和群工科的袁友平、龙代凤大力支持，对徐光火的工作只安排白班，不安排夜班。徐光火自己掏钱买课本、作业本，坚持每星期的一、三、五到学校教书。从驻地翻山，跨小河沟，爬上大老姆坪要走两个小时，来回四个小时，尤其是羊肠小道的陡峭山路，一不小心就有滑摔到山沟的危险。徐光火每次都提前吃饭，早早地就提着马灯往山上爬，教完两个小时后又提着马灯回工棚。无论冬夏，都风雨无阻，就是下大雪，也依然围着火塘教学，从不间断，从1965年11月一直坚持到1966年12月施工完毕转移工地为止。开始的时候，只有六个孩子学。后来，一些青年男女也来学，生产队长木呷的老父亲也学了起来。一年多时间下来，他们竟然认得七八百字，会计算多位数的加减法，借助字典能阅读书报了。[①]

（三）教学计划、课程

彝族"上学习惯"的形成与学校里实施的教学计划、课程、作息时间有着直接的关联。从表 2-4 的课程表中我们可以看到，汉语文、算数占了大部分课时，其次是体育。课程中的大部分时间都用在了学汉语文知识上，孩子们大多听不懂，但学习汉文化对彝族孩子们来说是个稀罕事，只管坐在教室里张嘴哇哇地读，也不解其意。其余的唱歌、图画等课程也吸引了孩子们。在此期间的主要课程，以及所用的教材与全国和四川省统编教材一致，自选的乡土教材很少或几乎没有。

表 2-4　凉山州 1958—1959 学年度民族小学教学计划[②]

科目	星期一	星期二	星期三	星期四	星期五	星期六	总课时
汉语文	13	13	13	11	12	12	2592
彝语文			2	2			144
算术	6	6	6	6	6	6	1296
历史					2	2	144
地理					2	2	144
自然					2	2	144
手工劳动			1	1			32
农业常识					2	2	144
体育	2	2	2	2	2	2	432
唱歌	1	1	1	1	1	1	246
图画	1	1	1	1	1	1	246
周会	1	1	1	1	1	1	246
每周时数	24	24	26	26	30	30	5850

其次，学校的校历对彝族孩子的规训，也让他们形成了上学习惯。表 2-5 是 20 世纪 50 年代四川省颁布的小学校历，凉山州彝族地区也根据这

---

① 资料来源：根据百姓讲述及《铁路建设报》资料。

② 资料来源：《甘洛县教育志》，30 页。

个文件执行。

表2-5　四川省1955—1956学年度小学校历

事项	学期	事项	假期
一	小学从每年8月1日为学年之始，次年7月31日为学年之终	一	暑假47天（7月16日—8月31日）
		二	寒假44天（1月8日—2月20日）
二	一年分两个学期，自8月1日至次年1月31日为第一学期，2月1日至7月31日为第二学期	三	春假3天（4月3日—4月5日）
三	小学全年授课时间：即学生在校时间为275天，第一学期129天（包括正式授课17周，补假2天，学期复习测验）。第二学期146天（包括正式上课的17周，春假、农忙假10天）	四	农忙假7天（具体时间由各县根据城市和农村的特点和气候情况自行规定）

（四）扫盲教育

　　学校教育具体针对的是学龄儿童，而对于那些已经是文盲的成年人来说扫盲是提高文化水平最有效的办法。扫盲对彝族地区形成一定的上学习惯也有着必然的联系。扫盲的广泛推行，使得读书识字不仅成了彝族孩子的活动，也成了成人的一项活动。"1956年，中共中央、国务院发出《关于扫除文盲的决定》，随着农村合作社、人民公社的成立，集体化为扫盲工作的广泛开展创造了有利条件。甘洛建县后，在杂居地区组织扫盲，贯彻'以民教民'的方针，以合作社为基点，办扫盲班26个，学员共919人。1957年，县人委成立扫盲办公室，全县有47所扫盲夜校，共计84个班，组织农村、机关的1227名青壮年文盲入学。"①

　　1958年，在"大跃进"形势下，甘洛县委、县人委提出，"在1960年前基本扫除文盲，使我县在短期内成为文化县"，县委成立扫盲指挥部，要求"书记挂帅，全民动员"，全县"掀起识字扫盲运动高潮"。杂居区以田坝人民公社为中心，开展突击扫盲；彝族聚居区阿尔乡开始试点推行拼音新彝文来扫盲。在扫除文盲这项运动中，为了尽快提高少数民族的

―――――――――――

　　①　资料来源：《甘洛县志》。

文化水平，国家鼓励用自己的语言文字来扫除文盲。1952—1957 年有一部分语言学家用拉丁文字母代替了古彝文字，古彝文字因为在现代社会中不实用而被取消了。1958 年，拉丁文版的彝文字开始在凉山学校教育中实施，同时利用新彝文进行扫盲的活动也轰轰烈烈地在农村开展。然而因新彝文缺乏群众基础，其扫盲效果并不好。①

三、20 世纪 60—70 年代："教育几起几落"

1966—1970 年，甘洛教育遭到了大冲击、大破坏。1966 年，城镇学校搞"停课闹革命"，在"造反有理"的口号中，打、砸、抢等行为时有发生，学校校舍、设施、设备、图书等遭到严重破坏，教学秩序混乱，农村学校也受到严重干扰。1968 年 9 月，县革命委员会成立后，学校开始"复课闹革命"，"工宣队""贫宣队"接管学校，推行"两个估计"，鼓吹"白卷英雄"，用毛泽东著作和语录取代语文课，学校学制、课程完全被打乱，教学秩序仍是一片混乱。"至 1969 年，全县虽有 140 所小学，374 个教学班，但在校学生只有 5993 人，1966—1969 年 3 年间，在校学生减少了26.99%。7 月，县城成立'五七学校革命委员会'，新市坝小学与机关幼儿园、甘洛县初级中学合并为'五七学校'。1971 年，撤销'五七学校'，恢复原有学校。"①

1972 年起，普及农村五年制教育，当年全县小学增长到 175 所，456个教学班，在校生达到 10 228 人。1974 年，开始普及七年制教育，各区中心校和部分乡中心校相继附设初中班。至 1977 年，全县小学已达到238 所，761 个教学班，在校生人数达到 18 524 人的高峰，其中少数民族学生到达 9416 人，学龄儿童入学率达到 96.1%。由于学校发展过快，师资、经费、校舍、设备等办学条件跟不上，附设初中班抽调小学高年级教

---

① 资料来源：《甘洛县志》。

师任教，挤占小学校舍设备，小学中、低年级只好任用大批未经正规教师培训的民办教师和代课教师，严重影响了小学教学质量。学生入学率虽高，但巩固率低。1976 年统计，1975 年有 5 个区的巩固率都在 80%以下，部分流动率高达 60%～70%，个别公社的巩固率仅为 20%～40%。

1966 年"文化大革命"开始后，中等职业学校逐渐停止招生。1970 年 6 月中共中央决定在大学中招收工农兵学员，作为培养国家干部的中等专业学校从 1971 年也开始恢复招生，1973 年 7 月 3 日，国务院批转的国家计委和国务院科教组《关于中等专业学校、技工学校办学中几个问题的意见》中强调："要抓紧做好中等专业学校的调整、规划、布局工作，根据需要和可能，有计划地适当发展。"招生方式是由省、市、自治区统一组织。实行"自愿报名，群众推荐，领导批准，学校复审"的招生办法，和"三来三去"的就业方式。

作为刚形成"读书习惯"不久的彝族社会，"文化大革命"对教育的冲击是巨大的。访谈中有老人回忆道："当时，'四清'和'文化大革命'这两个运动同时在我们甘洛搞，教育受到冲击，谁也没有出去了（成为国家干部），社会上形成了'读书会怎样，不读书又会怎样'的争论。很大一部分该考出来的没有考出来，比如舍勒村的呷呷。确确实实，从我们内心来讲，少数民族地方从奴隶社会跨越到社会主义社会，应该把我们社会主义国家的优越性体现出来，把教育办好，结果，受这个运动的冲击受那个运动的冲击，教育几起几落。"

四、20 世纪 80—90 年代：上学需求与向上流动

十一届三中全会后，我国经济体制开始有计划的改革，非国有制经济逐渐发展起来。1984 年，《中共中央关于经济体制改革的决定》提出要实行"有计划的商品经济"，传统的配给体制向市场经济体制过渡，出现了双重经济体制并存的格局。在这种经济体制的影响下，我国中等职业学校

形成了"双轨制"的招生就业模式。

1979 年，在中央"调整、改革、整顿、提高"方针的指引下，甘洛县对学校布局进行了调整，加强小学教育，稳步发展初中教育，统一考试、择优录取的招生制度恢复，各类学校日趋正规。到了 20 世纪 80 年代，彝族干部家庭的孩子通常会上学，而且至少上到初中，普通百姓家庭成绩好的孩子也会念到初中或中专毕业。彝族孩子上学的目的是考入中等专业学校，毕业后享受国家就业包分配制度，根据所学专业可成基层干部、医生、护士和教师。因此，但凡学习成绩好的学生，只要在家庭经济能负担的情况下都会想办法通过教育这条途径成为"干部"。成为干部，就意味着是国家的人了，用当地人的话来说："国家的人，国家供到老，连死后也可以被埋在'烈士陵园'。"在访谈中，当年考上师范院校的石沙谈道："我们从农村出来的，主要是找碗饭吃，所以报考了师范院校。我的亲戚朋友考出来的人少，所以我考上师范院校是家族中的一件大喜事。当时我家打了一头牛，我是家中唯一的儿子，考上师范院校给家族争了光，所以'打牛'①给周围的亲戚吃。'打牛'是我们彝族招待贵宾最高的礼节。"

在这段期间，通过教育这条途径成为国家干部的甘洛彝族人并不在少数，1984—1990 年，仅在甘洛县民族中学毕业考取中专的学生就有 113 人。此外，从以下的统计数据也可以看出，此段时期的现代教育成了彝人向上流动的主要途径（表 2-6）。

表 2-6 1980—1998 年甘洛县考入大、中专人数统计表 （单位：人）

年度	毕业人数				升入大、中专人数			
	高中	初中	其中：少数民族		大专	中专	其中：少数民族	
			高中	初中			大专	中专
1980	—	—	—	—	15	134	2	50
1981	—	—	—	—	33	68	5	29
1982	—	—	—	—	17	66	4	16

① 彝族的牛是用斧头打死的，所以在彝族地区没有"杀牛"这一说法。

续表

年度	毕业人数				升入大、中专人数			
	高中	初中	其中：少数民族		大专	中专	其中：少数民族	
			高中	初中			大专	中专
1983	—	—	—	—	18	84	7	40
1984	—	—	—	—	19	78	4	25
1985	—	—	—	—	19	78	4	25
1986	—	—	—	—	24	79	4	25
1987	—	—	—	—	21	113	7	22
1988	—	—	—	—	38	89	12	21
1989	—	—	—	—	23	65	5	23
1990	—	—	—	—	26	107	6	37
1991	110	575	21	151	23	114	16	39
1992	119	611	19	215	46	131	18	39
1993	112	628	9	243	48	205	9	58
1994	79	824	16	374	27	237	12	119
1995	79	737	16	344	46	322	3	94
1996	62	782	15	303	21	337	13	107
1997	57	840	253	87	21	154	21	72
1998	774	746	32	342	20	132	22	46
合计	考入大专的少数民族：174 考入中专的少数民族：887							

从以上数据可以看出，在国家就业分配制度政策实施期间，1980—1998 年考入中专学校的少数民族学生 887 人，考入大专的少数民族学生 174 人，合计 1061 名少数民族学生毕业后成为国家基层工作人员。尤其在 1994 年，考入中专的少数民族学生 119 人，占当年少数民族毕业学生的 31%；1996 年考入中专学校的少数民族学生 107 人，占当年少数民族毕业生的 34%。除了通过汉族文化的学习获得干部身份外，在甘洛，有一部分彝族学生，尤其是甘洛吉米、斯觉等在历史上由黑彝管辖范围内的彝

族学生则是通过"一类模式"的双语教育系统考入中专、大专学校。有关双语教育的问题我将在后面章节来论述，这里只简单谈一下。1978 年，彝语文正式作为一门主课被列为凉山部分彝族聚居区的中小学教学计划并实施（简称教学），其次是 1984 年凉山彝族地区开始采用彝文教材进行教学，同时加授一门汉语文课（简称一类模式）。甘洛县于 1985 年开始开设一类模式学校，民族中学开设一类模式班级，有不少彝族孩子进一类模式初中班，考入中专、大学学校，毕业后从事彝族语言文字的翻译、彝语文教学和其他行业的工作。

而关于彝文，20 世纪 80—90 年代期间，一部分彝族精英（主要是彝族官员和知识分子）开始采用两种方式大力保存在"文化大革命"中遭到重创的彝族文化。首先，传统的毕摩文化开始兴盛，毕摩的地位从"迷信活动者"转变为"民间知识分子"。"毕摩文化研究中心"在美姑县成立，中心开始大规模收集、组织、保存、分析和翻译毕摩经书和其他传统纸质资料。

1997 年年底，国家教委、国家计委联合签发了《关于普通中等专业学校招生并轨改革的意见》，对现行的普通中专实行统一招生计划、统一录取标准、学生缴费上学，结束了多年来的招生就业制度。而凉山的这一政策也随后在 2002 年被取消，此后，考入中专的学生逐年减少，升入高中的人数逐年在缓慢提升。中专中师的包分配就业制度曾是彝族人从农民身份成为"国家干部"的重要渠道，而它的取消，无疑让人们对上学的目的及目的达成的时间限度有了重新的考量。因此在包分配就业制度取消后的一段时间内，甘洛高中的入学人数虽有所增加，但相对缓慢。这其中高中入学的学分要求、费用，以及考上大学的风险、经费及就业的不确定性都导致人们选择高中的摇摆性，再加之资本市场在中国的飞速发展，使得人们在上学和就业方面的选择面临多样化，这成了 2000 年以后彝族地区教育的主要特征。

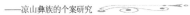
五、2000 年以后：教育选择与外出打工

（一）教育流动

2000 年以后，随着中国城乡教育差距的不断拉大，甘洛从 2007 年或更早两年就开始普遍出现教育流动现象，人们对教育的需求已经从"上学"逐渐转变为"上好学"。以下是根据相关数据统计的 2010 年甘洛户籍学生在外就读情况（表 2-7）。

表 2-7　2010 年甘洛县户籍学生在外就读统计表　　（单位：人）

州内					省内州外							
在外就读人数			就读地		在外就读人数		就读地					
262	其中少数民族		西昌	其他	918	其中少数民族		成都	雅安	绵阳	资阳	眉山	其他
	彝族	白族	藏族	190	72		彝族	藏族	191	383	124	31	10	179
	125	1	2				476	65					
合计：1180 人												

资料来源：我的统计记录。

从表 2-7 的统计结果可看出，2010 年甘洛户籍学生在外就读的人数为 1180 人，学生外出就读地主要为两类地区，一是州内学校，主要集中在西昌地区的学校，占州内学生流动人数的 73%；二是省内州外的学校，根据流动学生人数依次是：雅安地区，383 人，占州外流动学生的 42%，主要是流动到汉源和石棉的学生；流动到成都地区的学生 191 人，占州外流动学生的 21%；绵阳，124 人，占州外流动学生的 14%；余下部分是流动到眉山、资阳、乐山和其他州外学校的。

为什么会有这么多的学生流动到外地上学？据调查，主要有以下几点原因：①人们普遍认为城乡教育存在明显的差距，外地教育质量优于县城；②在访谈中大多数人都提到"社会风气不好"是导致教育质量差的关键因素。有家长认为打麻将这类娱乐活动风靡整个县城，影响了学校的教育质量。还有家长认为中学生纪律差，经常打架斗殴影响了学校风气。

甘洛学生的流动是分层级的，经济宽裕的家庭（主要是职工家庭和当地人所谓的"老板"家庭）将孩子送去成都、西昌、雅安、绵阳、眉山、资阳等地上学。这些家庭每年要为孩子负担昂贵的费用，通常情况下一个孩子在外一年的花销在 2 万~3 万元（根据选择的学校，有些家庭可能花上 4 万~7 万元不等），这其中包括"建校费"和学生的生活、补课等费用。而对于彝族农村家庭来说，他们认同汉族地区的"教育输在起跑线上"的说法。农村条件稍好的家庭送自己的孩子到县城小学或镇上的学校上学。在甘洛也有不少农村家庭在县城租房子让孩子在县城读书，也有农村人到眉山等临近地方的镇上租房子，让孩子上幼儿园，父母打工，老人负责照顾孩子。

而此时期，彝族在劳作、放牧、结婚、驱鬼等仪式中仍使用彝语。现代文化知识已经通过学校教育融入了彝族人的生活。在过去的 10 年中，"诺苏"语言使用的三个领域中只有日常用语还保留得比较完整，传统的本土知识已经被现代教育挡在了外面，建立现代"诺苏"语言的尝试已经失败（Harrell，et al.，2013b）。

（二）"打工"

矛盾的是，当教育机会不断增多时，仍然还有一群学生选择了外出打工：一面是学生家长为了寻求优质教育资源而出现教育流动；一面是大量的彝族农村孩子流动到外地去打工。在 2012 年的实地调研中，我与甘洛一所学校的孩子交流，问他们："毕业了想干吗？"全班 40 个学生，只有 3 个学生想继续念初中，其余的孩子都说自己小学毕业后想出去打工。2012 年 4 月我对甘洛黑彝地区托觉村 13~30 岁年龄段外出打工情况进行了统计：在参加调查的 69 人中，有 40 人外出打工，其中有 38 人目前在外打工，有两人暂时在家照顾年幼的孩子。这 38 位中，22 位小学毕业，5 位念到初一，6 位念到初二，5 位初中毕业。外出打工者中小学毕业生占了大部分。我们可以发现在受教育的机会增多的同时，外出务工的学生也在增多。

与托觉村所在的黑彝区不同，甘洛白彝区学校的调查表明，白彝区学生的打工高峰期集中在初二和初中毕业这两个阶段，打工潮出现在这两个时间节点，与下面两个因素有关：①与学生的年龄有关。《中华人民共和国劳动法》规定：严禁企业招录 16 岁以下的童工。初二念完，大部分彝族学生已年满 16 岁，可外出打工。对于那些考不上高中的学生来说，这个阶段他们开始思考是继续上学还是出去打工；对于经济条件和学习成绩都不好的学生来说，大多选择放弃学业。②与学生毕业有关。第二次高峰期是初中毕业，这是目前甘洛学生外出打工人数最多的群体，这与高中阶段学费昂贵有关，其次甘洛高中教育资源紧缺，目前只有 1 所高中，竞争大，未考上高中的学生必须交纳上万元的高价才能念上高中。高中阶段的学生，国家不免学费，不提供免费的食宿，这个费用对普通百姓来说是一笔很大的开销。

六、彝族教育现代化的"社会-教育变迁"类型

依据"社会变迁类型-教育变迁类型"的考察路线，可将社会-教育变迁类型分为以下三种："社会剧变与教育重构"①、"社会渐变-教育微调"、"社会混变-教育失范"（吴康宁，1999）。

（一）社会剧变与教育重构

所谓的社会剧变与教育重构，是指社会发生急剧的、根本意义的变迁而导致的教育在相对较短的时间里达成的结构上的异质性更迭。这其中又可分为两个类型："前进的"社会剧变与教育重构、"倒退的"社会剧变与

---

① 依据吴康宁的观点：教育微调是教育在较为长久的过程中逐步进行的细微的结构上的调整，每次微调本身并不会迅速招致结构的异质性更迭。而教育重构则是教育在相对较短的时间里达成的结构上的异质性更迭，即核心、基本框架及运作的原理与原则，均属异类的新结构来取代现行结构，以致在许多情况下，这种教育重构常常带有彻底否定此前结构的味道。

教育重构。彝族 20 世纪 50—70 年代"上学习惯"逐渐形成的教育特征,可算作一种"前进的"社会剧变与教育重构类型:首先,民主改革带来了凉山彝族社会形态的变革,20 世纪中期以前,凉山彝族从未形成过统一的国家权力组织,而在国家权力没有直接干预或较少干预的社会形态下,"家支"便是彝族传统社会最稳固乃至唯一的政治单位;其次,50 年代的民主改革使得凉山的政治、经济、文化及思想等各领域出现了翻天覆地的变化。社会主义新型政治制度使得以前以血缘结构为核心的彝族社会结构功能正在减弱或丧失,人们不再像旧社会那样凡事依靠氏族"家支"来生存。在此背景下,甘洛的教育出现了与 1949 年前的社会时期相异的教育,民主改革前的甘洛社会除了彝汉杂居地有零星几所私塾外,广大的彝族地区无正规教育,但无正规教育并不代表甘洛社会无教育活动,1949 年前,甘洛彝族的教育的方式主要有毕摩教育、传统的家庭教育和零星的学校教育。民主改革后,整个甘洛的教育核心、基本框架及运作的原理与原则均发生了深刻的变革。

"文化大革命"开始的前几年彝族教育可被看作"倒退的"的社会剧变与教育重构类型。彝族教育学制的随意缩短与增加、学校权力机构的非专业化、系统的科学文化知识的价值贬低、中等教育结构的单一化(推荐入学)等,便是这种"倒退的"教育重构表现。

(二)社会渐变-教育微调

"社会渐变-教育微调"是指社会在较为长久的过程中逐渐出现的"量变",而这种量变不可能成为教育系统整体特质突飞猛进的强大推动力,教育系统的整体特质一般也相应地基本稳定。20 世纪 80—90 年代彝族学生克服汉语言文化障碍而努力成为国家干部的学习目的可看作"社会渐变-教育微调"类型:首先,这段时期甘洛社会政治稳定,国家实施的就业分配制度,使得教育功能凸显,彝族努力克服语言文化障碍成为国家建设中的一员;其次,此时期的彝语文得到重视,为部分彝族学生提供了向上流动的便利通道。可以概括地说，此段时期的甘洛现代教育整体特质相对稳定。

（三）社会混变-教育失范

"社会混变-教育失范"类型，是指社会体制混变本身使教育系统在面临解决特定问题时陷入无章可循、有章难依或随意择章的困境，结果产生了失范行为。2000 年以后的凉山彝族教育则出现了"社会混变-教育失范"类型。这主要是因为我国在走向现代化的社会转型时期，出现了现代化因素与负面传统因素，以及作为两者之产物的新旧体制耦合和冲突暂时共存的结果。从甘洛现代教育的变迁可以看出，这种社会混变带来了教育失范。首先，城乡教育差距导致教育资源分配不均，甘洛学生大量流动到外地上学，形成了农村教育的荒漠；其次，教育作为向上流动的功能减弱，这直接导致了在一段时期内义务教育阶段学生辍学外出打工的现象。而教育的这些失范行为，对于国家所倡导的教育价值、文化取向和社会整合具有弱化乃至对抗的作用。

第三章 黑白变奏

彝 族 教 育 现 代 化 的 发 展 与 困 境

第一节　甘洛的白彝与黑彝

甘洛县的彝族分布于两个区域，这两个区域以"尔觉河"为界。河北叫"诺木迪"，意为"'诺'的地方"；河南叫"曲木迪"，意为"'曲'的地方"。当地汉语称"诺木苏"的人为"黑彝"，称"曲木苏"的人为"白彝"，不管他们是什么等级。白彝是土司管辖区的人，黑彝是土司权力控制不了的人。"在土司统治区的人眼里，'诺'（黑彝）地方的人野蛮，不开化，是不好的，和汉语所说的'生蛮'相吻合；而自己是开化的，靠近政府的，是好的，故强调'白'。在'诺'地方的人眼里，自己是正宗的彝族，保留了彝族的传统，不屈服于政府势力，不效仿汉族的传统习惯。他们称'曲'地方的人为'赫苏'，意味着'外面的人'，意思是与自己有差异、与汉族接近的彝族。"（巫达，2008）[145]

甘洛白彝、黑彝的形成与国家权力的在场有关，传统的彝族等级分为兹莫、诺伙、曲诺、阿加、呷西。这种等级划分，与因现代化所形成的甘洛彝族的这两个区域并不存在一定的对应关系，在甘洛"黑彝""白彝"这两个概念不是等级的名称，而是亚族群的名称（巫达，2008）[145]。白彝地区也有黑彝，黑彝地区也有白彝。土司管辖区因与汉族杂居，相对来说"更开化"，其汉化程度较高，在语言、服饰和习俗上开始与汉族靠拢，而相对于土司管辖范围之外的黑彝地区彝族的习俗和文化保留得要相对传统。因此也可以这么说，现代化较早进入的白彝地区相对来说更"汉化",更少地保留了传统习俗;而现代化较晚进入的黑彝地区更传统,彝族文化习俗保留得更完整。我在这里并不是指这两者的所有差异都因现代化在场而致,只是强调现代化在一定程度上促成黑、白彝地区的分化。

从某种角度来说,"汉化"与"现代化"可视为同一个概念。从总体来看,凉山彝族的"汉化"是一种渐进过程,且凉山的腹心和外围的"汉化"过程也存在区别。甘洛汉化地区多为土司管辖范围内或彝汉族杂居的地区,而随着现代教育、交通、媒体等的出现,"汉化"已经成了彝族地区的普遍现象,如果说之前的儒家思想对彝族的汉化是一种"渐变",是和风细雨般的,那么现代社会的汉化则是一种民族自然融合的结果。简言之,"汉化"是指少数民族更多采用汉族生产方式、语言、习俗,逐渐被汉族同化(或主动同化)的一种过程。然而,"汉化"在甘洛的黑、白彝地区不是一个同步的过程,因各种原因呈现出差异性,以下作简单介绍,为后面两节的内容作一些铺垫。

从交通条件来看,甘洛白彝地区交通便利,尤其是自 1970 年,成昆铁路通车,途经甘洛白彝地区的玉田、苏雄这两个片区。其次,甘洛的田坝虽不通铁路,但这里自古就是重要的交通要道。交通便利为白彝地区现代化的畅通无阻带来了极大的便利,为汉化缩短了空间距离,加快了汉化的速度。

从语言使用情况和教育质量来看,黑彝区多使用圣乍土语①,白彝区使用田坝土语,白彝地区的汉语水平普遍高于黑彝地区。从教育来看,汉化程度较大的地方常常是现代教育质量相对较好的地区,因此,甘洛白彝

① 彝族因彝语方言和地域差异,加上社会历史的变化和自身不断发展等诸多因素,形成了具有区域特点的彝语方言。

地区的教育水平整体要高于黑彝地区。

　　从服饰上来说，彝族学者巫达有过研究，他认为，黑彝区的彝族喜欢将"瓦拉"①染成黑色，染料多用猪血混以锅烟等制成。白彝区的"瓦拉"则不染颜色，且多选用纯白色的羊毛制成，成本较高。"两地的'瓦拉'在编织的花纹上也有明显的区别，同时在颜色的喜好上也存在区别，白彝地区的妇女服装绣花较为鲜艳，衣服底子多用明亮的红、紫等色，绣花用的颜色丰富多样，而黑彝地区的彝族多用黑色布或蓝色布作为衣服底子，绣花线多用绿色，色彩较为暗淡。"（巫达，2008）[141] 我认为这种差异与汉化程度有间接的联系，传统的彝族人喜欢穿着颜色低调的服饰，认为低调是一种美德。而现代化是一个追求鲜明、出彩的时代，因此白彝地区的彝族在着装上喜欢鲜艳的颜色，传统的保持低调的习俗开始慢慢改变。此外，尽管两个地区的年轻人都穿着汉服，但我们可以看到相对于白彝地区，黑彝地区的妇女穿着更保守，颜色偏深、偏暗，而白彝地区的农村妇女着装更时髦，颜色也更大胆。

　　除以上提到的区别外，在甘洛，春节作为中国的传统节日已经成为白彝的一个重要节日。从 20 世纪 80 年代开始，白彝地区就开始和汉族一同过节，有些白彝地方开始出现了春节吃饺子、贴春联的习俗。而黑彝地区大多过着传统的彝族年，一般在农历的十一月。其次，我们还可以从男人的性格来看到这两个地区的差别，传统的彝族男人，性格粗犷，不拘小节，相对于黑彝地区来说，白彝地区的男人性格细腻，顾家、懂得照顾人、有责任心，而黑彝地区的男人性格直率、不拘小节。

---

　　① "瓦拉"，是一种披风式的，用羊毛编织而成的衣物，用来御寒。

第二节　托觉村——一个黑彝地区的现代教育

托觉村[①]地处甘洛黑彝地区，距离县城大约 20 千米（图 3-1，图 3-2）。
2000 年的托觉村有四个组，一组、二组在离公路 5 千米左右的山坳中，当
地百姓称其为"水井"，三组在稍高的山上，三组上面是四组。由于居住条
件恶劣，2007 年四组的村民全部搬迁，共有 36 户移民到了县城周围的"临
时村"。目前，托觉村有 158 户，668 口人，托觉村是彝族聚居村，没有一个
汉族。除了卖核桃，或偶尔卖些粮食、鸡、猪等外，没有其他收入，因此，
大部分青年外出务工，目前该村外出务工人员有 70 人左右。2005 年前，该
村有两所村小，"水井村小"与"托觉村小"，后来"托觉村小"撤并到"水
井村小"，2009 年，"水井村小"撤并入托觉村山脚下的"希望小学"。

图 3-1　托觉村（木格约布摄）

---

① 该村名为化名。

图 3-2　托觉村春季播种（Stevan Harrell 摄）

一、2000 年的托觉村现代教育

20 世纪 90 年代末以后，甘洛在经济、教育上已经发生了深刻的变迁，彝族人开始陆陆续续地外出打工，教育的普及程度提高，大部分家庭都支持孩子上学，至少是小学毕业。然而地处偏远的托觉村仍然是一个相对闭塞的村落，不通电，交通不便，人们住着土房，还有几户更贫困的住着茅草屋。百姓们过着日出而作、日落而息的生活，没有太多的娱乐活动，最经常的活动就是三五成群去镇上的集市赶集，用玉米换点面条和大米，或是买些盐、火柴或打火机等生活用品。村落里的百姓只会讲诺苏话，有个别人如村主任、村书记还有以前村小代课的老师会一点汉语，但都不流利。

村落有一所村小，叫"水井村小"，大约是在 20 世纪 90 年代中期建的。这是一个特别简陋的村小，四间破土房，有三间是教室，还有一间是教师的办公室。学生的成绩比较糟糕，四年级的学生仍有部分不会写自己的名字，不会简单的加减法，也读不顺课文。

早上 9：30 开始上课，大一点的孩子上课之前就已经和父母下过地，匆匆带上几个土豆就往学校赶。村小地处山坳，村民大多住在坡上，也有部分是住在村小周围附近的。一到上课时间住在坡上的学生就纷纷带着喜悦的欢叫声冲下来，这是我记得的最幸福的场景。自有汉族教师被分配到这个偏僻的角落，学校是唯一能听到汉语的地方，同时也是能接触村落里唯一一位汉族人的地方。在学校里学生除了上课跟着老师读汉语课本外，课后他们几乎不说汉语。对那些主动用汉语和老师交流的学生，其他同学会在一旁嘲讽或讥笑。实质上学生们很喜欢上汉族老师的语文课，老师的汉语很好听。但私下里却偶尔用彝语说汉族老师的"坏话"，这种行为并非针对汉族教师个体，而是彝族对汉族群体的一种集体行为。

对外面的人，学生有畏惧之心。村小里的布沙和布洛是两兄妹，他们有个舅舅以前在汉族地方待过，知道一些外面的事情，算是村落里见过"世面"的人。可能在舅舅与父母的谈话过程中他们耳闻了一些"外面的事情"，兄妹俩在我面前都曾提到"我舅舅说外面的人会骗人"，他们将信将疑并经常在我面前求证。

2000 年的水井村小规模特别小，村小不会每年都招新生，而是根据村落里适龄儿童的人数来招生，村落有三个年级，二年级、四年级和五年级。四年级有六七人，二年级 20 多人，五年级学生也很少，不到 10 人。三个年级，只有两位老师，因此老师们用复式教学，这是一种特殊的复式教学，因为传统的复式教学是将不同年级的学生安排在一间教室进行教学，而村小教室很小，没办法将两个年级的学生安排在一间教室，因此教师必须在两间教室来回教学。其实这个方法也有一个好处，它在一定程度上避免了传统复式教学存在的干扰现象。

汉语言障碍是影响课堂教学最主要的因素，对于那些不会汉语的年轻教师来讲，他们在工作之初是比较费力的。每位汉族老师在教学实践过程中都形成了自己应对这一问题的教学策略，这所村小的汉族教师通过"小老师"的翻译度过了她教学生涯中比较艰难的一段时期。而会彝语的教师相对要轻松些，这些彝族老师会发现，其实孩子们并不"笨"，一旦将数学题用彝语给学生讲，学生很快就能算出答案。而在语文课堂上，教师们把文中带有情节的故事翻译成彝语，绘声绘色同时伴着表情和肢体语言表演给学生们看，他们很快就理解了文中的大意。但是一些比较抽象的课文和词语，彝族教师未必能解释清楚，因此只能采取灌输的方法，期望他们通过不断地学习终有一天能"恍然大悟"，因为这些彝族教师当年的学习经历也是这么来的，有不少课文和诗歌的大意是在他们上了初中、中专甚至大学的时候才领悟的。

在教育中除了语言障碍外，学生的出勤率一直影响着教育质量。学生经常旷课，农忙、"做仪式"、婚丧期间学生们都不来上课，"小仪式"旷课 1 到 3 天，"大仪式"旷课一周，农忙和婚丧也经常会请假。这样的情况下，教师根本没法完成国家规定的课程要求，因此教师只能选择最基础的内容，稍难一些的内容都会删掉。而这样做，也只能在村小行得通，因为很少有人检查村小教师是否完成了国家课程大纲规定的教授内容，当然也不会有领导来光顾这偏僻之地，因此能否完成教学目标与要求，并不会成为教师的工作压力。

即使这样，这所村小并未能逃脱现代教育的考核要求。2000 年，我在村小教书，当地教育局不仅要求村小的语文、数学平均成绩必须突破个位数，还必须达到 20 分，完成这个指标实在太难。为了鼓励学生学习的积极性，会有老师自己编制试卷，考核内容是平日学生学过的最基础的知识，而上面发下的试卷则被搁置在一旁。因此老师们给学校的是一份做了"手脚"的成绩单，其实，上面的领导也知道实情，也希望或暗中希望基层的老师这么做，因为他们也面临着上一级教育部门的检查。可见，在相当一段时期内，凉山现代教育的成绩质量存在着很大"水分"。对于低年级的学生，为了成绩达标，很多学校假借彝族学生读不懂题，在念题时随口把答案也一并告知学生，不会有人去质疑这种现象。

二、托觉村小的教师

我和玉是托觉村"水井村小"的第一批正式教师。2000 年，我们都是19 岁的年纪，中师刚毕业。毕业那年暑假，我们在县里接受培训，是有关甘洛县情、教情及师德等方面的培训。县里本着双向选择的原则，给我们新上任的教师一系列学校名单，都是一些较偏远贫困的村落，所以也没得选择。那时的我只想带着一腔热血去到工作的地方，与我同龄的同学应该都是带着这样的憧憬去迎接我们人生的第一份工作的。

9 月，我们一行五位新来的女教师，一起到了托觉村所在的乡中心校，其中有三位老师留在中心校，我和玉则被分到托觉的"水井村小"。那天一直下着雨，乡政府和学校为了欢迎我们的到来，宰了羊。在乡中心校住了一晚，第二天我和玉到了托觉村，我们被安排在村活动室居住，刚开始玉怕不安全，不敢住在村落里，因此住在乡里的中心校，每天步行两个多小时到学校上课。

9 月份是雨季，道路泥泞不堪，玉每次到村小，脚上的雨鞋上满是泥土。村活动室，条件较为艰苦，最不方便的是没有厕所，住在我周围的百姓家也没修厕所。天渐渐凉了，土房透着风，因为屋檐和墙面之间留着缝隙。天一黑，就得点上蜡烛，只要遇到刮风的夜晚，那被风吹得摇曳的小火苗，没法让你看书。因此，刮风的夜晚只要天一黑我就躲进被窝睡觉，早上自然起得特别早。村落几乎每家都养了狗，夜晚只要有一条狗叫，全村的狗都会跟着叫。

村小有一个特别简陋的厕所，这是全村唯一的一个厕所，除了学生和老师，百姓一般不会在这里上厕所。后来因为厕所的问题，我们从之前住的地方搬到了村小的一间办公室。

在这个几乎无人问津的地方，除了学生，除了上课，或偶尔经过的村民，生活特别清静。到了村小两三个月后，村落里进行了电网改造，通电了，这是历史性的一刻。我记得通电那天，村民不知道从哪里找来一个录音机，要跳舞。于是整个村落的男女老少，都聚在活动室外面，大人围成圈跳舞，小孩则在里面打闹嬉戏。尽管不是人生第一次经历通电的喜悦，但我那天也特别兴奋。有了电，我在县城买了一台录音机。山里的电台效果不错，每天晚上听广播成了我们的美好时光。除此之外，我们都爱看书，当时流行看的书就是《读者》《青年文摘》之类的杂志。

玉经常回去，她家住在县城，而我家当时因为在农村，离我教书的地方较远，除非放长假，我一般都不回去。一到周末放学，学生都回家了，玉也回家了，整个村小就特别冷清。我想与人交谈，但除了自己，就是那能发出声音的收音机，它能告诉我外面的故事。可以这么说，现代教育在边远农村地区的发展，是成千上万乡村教师的寂寞构筑的。

周日的下午，我走路到山脚的公共汽车站点接玉。那会儿山里没电话之类的联系方式，但公共汽车一般都是按点发车，于是我估摸时间，到山脚下去接玉，她从县城里带些米、油、盐等我们的生活必需品。遇到我和玉都没去县城的周末，我们也不会饿肚子，村民和学生时不时给我们送土豆、白菜，赶上彝族新年还有肉。

听学生讲原来的村小有两位代课教师。其中一位代课老师就是村落里的村民，上过初中，据村民反映这些代课教师对待工作不是很认真，经常在上课时间和其他村民打牌。学生也时常对我们讲以前老师如何体罚他们，而对我们不体罚孩子的做法，村民觉得很奇怪。村民见到我们经常说"如果孩子调皮，就打"。接受中等师范三年训练的我们，知道以前体罚孩子的教育方法已经在现代教育中不适用了。然而，对待那些调皮捣蛋的孩子，除了反复的说教外，我的手有时也不免落在学生的身上。

当时年轻，我们把所有的时间都花在了工作上。其实那个时代的中师生都特别敬业，每位被分配到村小工作的老师除了工作还是工作。在农村，没有任何事情的打扰，也不会去想很多复杂的问题，唯一想的就是如何把学生教好，让他们多识几个字，就这么简单。托觉是黑彝地区，2000年，这所村小的教育质量相较于白彝地区的村小质量要差一些。学生成绩这么差，反而使我们充满了干劲。数学教学相对容易，语文教学就难了，很多字学生们都不认识，能让学生读顺一句完整的句子就得花费一定的时间。面对四年级的学生，我有些手足无措，作为一个新上任、没有任何教学经验的教师，我不知道是该教学生一年级的知识，还是四年级的内容。后来我们想到了一个办法，因为二年级的学生并未掌握一年级该学的知识，尤其是汉语拼音。于是在教学拼音时，我让两个年级的学生把凳子、黑板都抬到教室外（当时村小的黑板就是一个简易的木板），同时教二年级和四年级的孩子汉语拼音。这样减少了我在教学中的工作压力，教会孩子们拼音后，我感觉语文的教学轻松了很多，我给每位学生买了一本字典。教会孩子们用字典后，孩子们认字快了不少，当然孩子们的学习并不是齐头并进的，还是有部分孩子没掌握。

　　学生的学习随时都需要老师的帮助，一般情况如果我去二年级教学，四年级的学生就自己做作业，或读课文。在没有老师帮助的情况下，他们根本没法独立完成作业和阅读要求。于是，我开始培养小老师，二年级的布洛和四年级的布沙特别聪明，接受能力和理解能力都比较强，通常我教读两遍课文，这两位孩子就几乎会念了。于是我到另外一个班教学时，他们就成了班里的小老师。这两个孩子都特别好学，只要遇到不懂的问题就及时问我，为了教学的需要，我有时会提前教授他们俩新内容，这两位小老师解决了我不少难题。遗憾的是，这两位孩子初中毕业后，因为家境贫困没有再念书。

　　国家要求开设的课程我们都开了，除了语文、数学外，我们还给学生们开设了音乐、美术和体育课。村小的这些孩子们是我们到了以后才真正开始接触音乐课和美术课的，我们当时还给学生们上过体育课，我记得我为了教孩子们广播休操，专程跑到教育局去录了一盒广播体操的磁带。当电教馆的老师一听说我教村小的孩子做广播体操，非常意外，也很高兴，2000年的村小，也包括现在所剩无几的村小是很少做课间操的。从电教馆录来磁带后，我用了一个星期的时间教学生做操，孩子们很好奇，也学得很认真。

　　在村小较顺利的工作与我中师受到的相关训练息息相关。无论是音乐、舞蹈、美术，还是并不起眼的课间操都是我们在中师较重要的课程和活动。当时的村小因为没有操场，也就没有任何体育器材，唯一一个学生可以活动的地方是学校外的一个坝子，后来我记得乡中心校给我们发过一些绳子、羽毛球之类的器材，但不出一月学生就把它们弄坏了。

在村小教书一年后，据说因一女教师在村小发生的事故（后来打听是发生在教师之间的），引起了教育局对村小女教师安全问题的重视，我和玉都调到别处。其实内心特别不愿走，舍不得学生。记得搬走的那天，我们找了一辆马车去拉东西，学生们知道我们要走了，都到村小看我们，那天孩子们特别安静，谁也不说一句话。只有几个村民重复说着："阿呷老师，你们要走了。"当我们跟随马车走到学校上面的山坡，山脚村小的孩子们齐声大喊："阿呷老师，慢慢走。"

我和玉对于村落来说，意味着什么？时隔十多年后，我回头想想，那时的我们实质是现代化忠实的"代理人"，在课堂上我们给学生普及普通话，时常用标准化的考试来检测学生和我们自己的教学效果。而无论在我眼里，还是我同事眼里，我们并未将这些孩子和汉族学生区别对待，他们无非是脸和手脏一些，衣服破旧一些的学生。我和玉每天都认真地教学生们识汉字，学汉语。当时的我们认为，学生的原生家庭和文化成了阻碍我们顺利进行现代教育的一大障碍。我用双语教育，目的就是为了让学生能更好地理解课本上的知识，彝族文化在我教书的年代，和如今一样并未被重视。在我们之前，村落里有过一两位代课教师，都只有初中没毕业的学历，没能通过接受教育得到一份体面的工作。回到村落，勉强当个代课教师，我们一到，他们就被淘汰了。相对于他们，多了三年中师训练的我们，较好运，获得了一份固定和体面的工作，一个月能拿到几百元的工资。村民对我投来羡慕的眼光，因为我们是"国家干部"。他们对于我们的期望，是能将他们的孩子也能教成"国家干部"。我们上学那会儿，但凡有机会上学的，成绩稍好的，谁不是在父母不断提到的"国家干部"的"诱惑"下拼命念书。但现在体制变了，中师在我毕业后两年就停止了包分配。因此对于这些村小的孩子们来说，受教育意味着什么？难道仅仅为了完成简单的读、写、算，或为了读完小学或初中？

一年后，我和玉就被调动到其他地方教书。乡村教师成了彝族孩子们上学时代的人生风向标。孩子们通过教师，尤其是彝族教师的发展，规划或幻想着自己的未来。然而，在一个村落里能走出来的孩子通常寥寥无几。但无论如何，他们逐步认识到接受教育的重要性。

三、2012 年的托觉村与其教育选择

（一）打工

20 世纪 90 年代末，中国从全球经济的原料国变成了生产厂地，几乎在一夜之间，浙江、深圳、东莞拔地而起的是一家家外资和中外合资的工厂，这其中有玩具厂、电子厂、塑胶厂、食品加工厂和服装厂等。"到了2000 年，出现了大批外出务工的人群，成千上万[①]的农民工在从事建筑、制造和服务行业的工作"（Harrell，et al.，2013b）。与此同时，托觉村也出现了外出打工的现象，2012 年，我再次回到托觉村，发现原来村小的学生，女的已嫁人，男的都在外打工。我简单做了打工与学历阶段的统计，发现在所有参加调查的 69 人中，有 40 人外出打工，其中有 38 人目前在外打工，有 2 人暂时在家照顾年幼的孩子。这 38 人中，22 人小学毕业，5 人念到初一，6 人念到初二，5 人初中毕业。外出打工者中小学毕业生占了大部分，这与这部分孩子没能赶上国家免费义务教育政策有关。中国 1986 年颁布的《中华人民共和国义务教育法》规定：每个孩子都必须接受九年义务教育。而实现全面普及的义务教育目标，对凉山农村的彝族来说，相对困难。因为从 2000 年开始随着市场体制改革，中国的教育

① 至今没查找到凉山外出务工人员的可靠数据，然而根据大量有关年轻人外出打工而导致农村荒漠的报道，以及地方数据统计曾经有高达 20%的农村流动人口，依据总人口 400 万~500 万的数据，我们可以确认凉山流动人口数据应该在 6 位数范围。（Harrell et al.，2013）

也开始采取与市场并轨的体制，取消了中专就业分配制度，加之受全球经济发展带来的利益驱动，以及彝族家庭的贫困，学生常年低学业成就导致了在一段时间之内出现了大量辍学的学生，部分彝族百姓认为读书不如早打工。之前为了成为国家干部努力克服语言、文化障碍，获得国家干部身份的教育目的已经被打破了。

托觉村的孩子就是在这样一种复杂的环境下选择了逃离现代教育，加入了打工浪潮。20 世纪 90 年代和 21 世纪早期，农民工进城并不一定能挣到钱。"诺苏"从事工厂、服务行业和建筑业的工作，挣的钱不但不多，反而还有打工者吸毒、染上了艾滋病（刘邵华，2010）。究竟能否挣到钱不是这个族群可以掌握的，因为能否被工厂录用，是由全球经济的运行情况所决定的。全球经济的运行情况决定了彝族外出打工人群的命运，在运行良好的情况下，工厂需大量的务工人员，在招录员工时并不考虑学历、民族和地域，只要可以劳动，他们都想法将其招录入厂。一度还有不少工厂招录童工，2008 年《南方都市报》就报道了沿海黑厂招录凉山美姑县童工的事件。而在田野调查中，也证实了这种现象的存在，我听当地的一位老师谈道："现在仍然有工厂接收童工，因为童工年龄小，手指灵活，做的东西更精致。"

工厂为了保证充足的劳动力，建立了各种招录劳工的渠道，鼓动并给工厂员工一些好处让他们回乡带自己的老乡进厂，或者利用专门从事录用员工的中介进行招录。反之，一旦遭遇经济危机，彝族群体不但面临被解雇的命运，同时也会因身份而被拒之门外，绪论中彝族女孩的遭遇证实了这种情况的存在。

（二）打工与教育选择

全球化与国家现代化的耦合带来了就业与学习机会的增多，在这种情形下，人们该何去何从？是上学还是打工成了家庭的两难选择，而各种因素的掺和，使得家庭在打工与上学之间的选择具体而多样，主要有如下几种选择模式：有学生自愿放弃读书，外出打工的；有家长外出打工供养子女读书的；也有子女随父母外出打工的；同时也有随父母到外地上学的。

每一户家庭的上学和打工故事，都是这个家庭在现代化浪潮中最现实最具体的挣扎与选择过程。在田野中，我听到过无数个有关这种选择的故事，也听到他们在这个故事中的抉择、无奈、兴奋与焦虑。

木乃[①]是托觉村一位 17 岁的男孩，他初二辍学，因为学习不好，考不上高中，于是跟着村落的人外出打工，出去"见世面"。2011 年，木乃先后去过三个地方打工，分别是深圳、东莞、汕头，他经常换厂，一是工厂工作辛苦，二是工作枯燥，不好玩。他曾在深圳的电子厂（一个月 1300 元，包吃住）、东莞的瓶盖厂（一个月 1200 元）、汕头的玩具厂（一个月 1100 元，包吃住）打工。挣的工资越来越少，他说他宁愿少挣些钱也不愿做太辛苦的工作。一个十六七岁的孩子，他们能胜任多重的活儿？其次挣钱不是主要目的，哪里轻松好玩，他们就去哪里，即使工资低一些他们也不介意。木乃在外打了 5 个月的工，最后只带回家 1000 元。这算是好的，听村落的部分家长讲到像木乃一般大的孩子有些出去非但没能挣到钱，最后还得让家里想办法寄去路费才得以回家。

也有父母要求孩子出去打工的。在托觉三组，有一户叫阿依的人家。这一家有四个孩子，大孩子是女儿，17 岁了，在外面打工，小的孩子还在襁褓中，是一个男孩。我刚到阿依家时，她母亲误认为我是计生委的，来收超生款，于是对我撒谎"只有 3 个孩子"。说明我的来意，并知道我是彝族的情况下，女主人才跟我说实话，"还有个大女儿在外面打工"。目前她家里有 3 个孩子，一个上初中，还有一个上小学，小的刚满周岁没多久。女儿出去打工可以帮助家里增加一些经济收入，供弟弟妹妹上学。这样的选择方式在彝族农村很普遍，大一点的女孩子一般很早就开始同父母一起承担家庭的经济负担。

第三种情况是父母外出打工供子女上学。这种情况在托觉村并不普

---

① 本书案例中的人名均为化名。

遍，因为目前在托觉村大部分外出打工的都是年轻人，子女大多还未到上学年龄，即使有上学的也还在义务教育阶段内，不花钱。我去过的盐源县羊圈村落，有不少家长外出打工供孩子上高中或大学。

除了以上的情况外，在彝族村落有一种普遍的情况，村主任、书记的孩子一般不会提早出去打工，而选择多读几年书。2000 年，托觉村当时只有一位孩子在镇上念初中，是村书记的孩子。2012 年我碰到了新上任的书记，他的儿子刚初中毕业，没能考上高中，但他认为多读书对孩子的将来有好处，于是向放高利贷者借了 1 万元钱。在彝族地区，我们会看到，村主任、书记的孩子能接受较多现代教育。在彝族聚居村落，最先与汉族打交道的是村主任和书记，政府的政策都是通过村主任、书记传达给乡里村民的，大部分汉族干部也需要与村主任、书记搞好关系，以完成任务，而在这个过程中不免会产生冲突，村主任、书记由于自身的汉文化水平低吃了哑巴亏；由于学历低，在很多事情上都失去了选择和决定的机会。正是因为这样，他们比一般的百姓更能认识到汉文化知识的重要性，不惜借高利贷也要让自己的孩子多读几年书，以后少受欺负。

（三）打工与传统文化的遭遇

彝族人外出"打工"是全球化与国家现代化这两股力量与彝族文化冲突下的选择。尽管大部分孩子都承认自己外出打工是自愿的，但一旦我们把这种选择与彝族当下的状况结合起来分析，就会发现这种主动的选择其实是一个被动的过程。具体来说彝族学生外出打工基于以下几个原因。

（1）学习差

"学习差"是学生外出打工的原因之一。彝族学生，尤其是在彝族聚居的托觉村，学生在入学之初就在一种异文化的环境中学习，语言文化的不适宜是导致学生成绩差、学校教学质量低的最大因素。据调查了解，2012年，村小的学生语文、数学平均成绩很难达到 30 分。其次，学生出勤率低也是导致村小教育质量差的关键因素。村小的老师反映，学生经常因为家中有仪式活动、赶集、亲人去世或结婚而不来上学。村落里一旦有人去世，整个村的孩子们就会旷课在家，这就是老师们说的"吃牛肉"①。家中有仪式活动学生们也不去上课，小仪式旷课 1~3 天，大仪式旷课一周。学生们经常缺课，导致教学无法正常进行。随着年级升高，学生们接受学校知识的困难越大，渐渐产生了厌学的情绪，有很多学生出去打工是因为跟不上学校的课程，认为读书没有出路，才产生了不如早早出来挣钱的念头。

（2）经济压力

2001 年国家实施"两免一补"政策②。2007 年，全国农村义务教育阶段家庭经济困难学生均享受到了"两免一补"。义务教育阶段内的上学费用对彝族家庭来说要稍微轻松一些。托觉村义务教育阶段的学生一学期只需交 20~30 元的作业本费，一年花在教育上的费用不到 100 元。教育费用被免除，并不代表彝族家庭的经济负担就没了，实质的家庭负担还有下面几项：

1）奔丧。彝族最大的开销是亲人去世时的奔丧费用。在托觉村，老丈人去世一般牵 3~4 头牛，2012 年，牛的价格为小牛 3000~4000 元/头，大牛 5000~6000 元/头；叔叔、舅舅等长辈去世，牵一头牛；一般的亲人去世，牵一只羊，羊大约 1300 元/只。

2）娶媳妇。新娘子身价钱 5 万~10 万元③，舅舅钱 1 万左右，叔叔钱 8000 到 1 万，其余的还有兄弟钱，至少几千块钱，这样下来托觉村民娶媳妇进门至少需要花 10 万④。

3）"仪式"，农村的仪式也会是一笔开销。彝族人信鬼神，凡遇灾难、不顺心和蹊跷的事，都会请毕摩来家里做仪式。通常老百姓说的大仪式一般是一只羊或猪，最小的仪式也需一只鸡，除此之外还要给毕摩毕普（bi pu，劳务的意思），通常彝族一年至少做两次仪式，一年在这方面的花销也在几千元。除

---

① 彝族死人都会"打牛"，奔丧的人聚集在一起喝酒，吃牛肉。

② 免学杂费、免费提供教科书，对家庭经济困难寄宿生补贴生活费。

③ 5 万元到 10 万元是普通价，据了解凉山州美姑、昭觉县还依据女方的学历来论身价，通常一个大学生并且是国家干部，其身价在 20 万元左右。

④ 这里所谓的身价钱、舅舅钱、叔叔钱等都是新郎方给女方家的钱。

了以上开销外，其他较大的开销是修房子和尔普（lyp pu，份子钱的意思）。

托觉村民的经济作物只有核桃，一年人均最多收入几百元，其余的现金收入主要是政府的低保、粮食直补等补贴，这些补贴相对较少。巨大的开销，使得托觉村但凡 40 岁以下的人都出去打工了，留在家里劳动的大多是 40 岁以上的人，这在无形中也影响着上学的学生，他们感受到了经济压力，从而也就提前加入了打工队伍。

（3）诱惑

打工对于村落的学生群体来说，是一个致命的诱惑。2012 年，甘洛一所中学的校长谈道："目前学生都不好好读书，整天想着出去打工，尤其是初二下学期。过年时外出打工的人回来，这些学生看到他们在外面挣到钱，买穿的，用手机，一个月能挣 1000～2000 元，很安逸。再加上包工头的宣传，学生就跟着走了。"

托觉村一位小伙儿讲道："他们都出去打工了，所以我也不想读书了，我出去打工，就是因为好奇，为了好玩。"

现代化带来民族教育发展的悖论：一方面，国家不断地向少数民族地区教育投入大量的资金，保证学生能接受正常的教育，以期提高一个民族的整体文化素质；另一方面，少数民族学生在全球化的诱惑下，早已不能"置身事外"，为了一种连他们自己也弄不明白的目的而"出逃"。再者，现代教育是与工业社会捆绑在一起的，彝族的现代教育与工业社会在一定程度上是脱节的，在以同化为教育目的的情况下，彝族学生很难在未来就业中取得较大的优势。

第三节　格木村——一个白彝地区的现代教育

格木村①地处甘洛北边，临近大渡河，河对面是汉族地区。格木村是

---

① 该村名为化名。

彝族聚居地，零星的几个汉族在乡政府、卫生所或学校工作。

村落有一所学校，2012 年，从学校最初的名字"三合公社学校"来看，该学校应该建于 20 世纪 50 年代的公社化时期。这所学校原来的校址与公社毗邻，后来粮站撤销，新学校在粮站原址上修建，学校旧址成了老师们的宿舍。2012 年，旧的教学楼成了村委会的活动场所，村民们用围墙将村落与老师的宿舍楼隔开，同时也将村落里仅有的几个汉族与村落隔离开了。

格木乡中心校是一所寄宿制学校，主要服务于格木乡范围内的学生，学校的 400 名学生都是彝族，有一半的学生住校。学校有 32 位老师，彝族老师 6 人。

一、村落教育

我所调查的格木村一组现有 40 户人，是一个典型的山区，除了沿河有部分田地可以种植水稻外，百姓们主要种植玉米和大豆。与托觉村不同，这个村落的交通便利，通公路、火车。交通带来便利的同时，也带来了社会发展的问题。20 世纪 90 年代末期，这个村落开始出现吸毒的人。当地人用 yi ndo（抽烟的意思）来指称吸毒这种现象。heroin 的英语单词，彝族人并不知晓，就连汉语的写法很多当地彝族人也不会。解释这个问题要从凉山与鸦片的关系开始。海洛因的前身——鸦片，最早是在"1910 年左右才开始大量在凉山地区种植，其主要的原因是清廷于 1906 年采取严禁政策，然而国内鸦片的需求市场仍然很大，鸦片种植商必须另觅法外之地生产，因而辗转进入政权势力未及的偏远山区。遗世独立且气候适宜的凉山，便是种植鸦片的理想地点"。（刘邵华，2010）[44]

如同鸦片在中国清末时期成了连接中国与世界贸易的一种物质，同样在边缘的彝族地区，鸦片也成了彝族地区联结汉族地区的重要物质。

"鸦片交易改变了'诺苏'贵族与汉族的关系。'诺苏'的土地拥有者，都以鸦片与汉族进行交易，他们获得最为重要的物品为枪支与白银。枪支大量流入彝区，'诺苏'变得更为强势，且更有实力掳获汉族当奴隶。在中国尤其是西南少数民族地区，'诺苏'的强势是相当罕见的。其中，鸦片扮演了重要角色，主要原因在于'诺苏'是鸦片的生产者。"（刘绍华，2010）[46]

然而在这个时期，鸦片主要是作为一种换取白银和枪支的工具，抽鸦片的彝族人较少，通过鸦片交易获得的白银和枪支提高了彝族对抗汉族的实力。同时，鸦片的交易市场也成了彝汉互动的主要场所，"当时甘洛县的田坝，以每10天为1个周期，在农历初二、初五及初八进行交易。1938年到1949年之间，每年农历二月和四月的盐会期间，从汉区到田坝市场的鸦片商运来的白银达70~80驮（约一万两千两白银）。"（临福英，等，1992）

在凉山，毒品作为一种历史的延续，在格木村落可见其足迹。村落有一位老人曾经在中华人民共和国成立前吸食鸦片，20世纪90年代初，他在自家的菜园里种植鸦片，因此几进几出派出所。90年代末，随着老人的去世，村落吸食鸦片的现象消失。然而，当海洛因这种因时代变迁而升级的毒品出现时，村落里第一例吸食海洛因的竟是这位老人的女儿。老人的女儿外出打工，染上了毒瘾，这位叫莫乃的女孩不到18岁就外出打工，她只上过几天学，为了挣钱从事卖淫活动，后来染上了毒品。她家就住在与学校只有几步之遥的公路旁。在我的童年时期，这个女孩儿成了学校和家庭教育中坏榜样的"代言人"。老师们会在学校的思想品德课上教育大家，不要向她学习，并将她吸食海洛因的原因归为没有读书的缘故。

吸毒常常会危害整个家庭，村落里有个家庭共7兄妹，这其中阿木、木乃、木呷、木基、木格这五弟兄中，有4个都在吸毒。老二木乃吸毒是因为身体不好，因此几乎不下地劳动，最常做的事情就是赌博，因头脑灵活，手气也不错，经常还能赢些钱回来。他因为身体不好，认为吸食海洛因可以舒服一些，染上毒瘾，后来有一次和别人去偷钢筋，结果落水身

亡。老三木呷在铁路上当过一段时间保安，而正是这份工作，使他在火车
上结识了吸毒的人，也就吸上毒了。老四木基，是家中唯一上学的孩子，
成绩不错，但就是因为上学这件事，导致了他的悲剧人生。1995 年木基
小学毕业，当时乡下的孩子去县城上学的名额是有限的，木基的成绩不
错，按理说可以到县城的民族中学上学，但因为家里穷，也没任何社会资
源，结果上学的名额被别人给抢走了，木基不服气，可能是太想上学导致
他做出了过激的行为，他拿着刀试图去砍抢占他名额的人，后来患了一段
时间的抑郁症，家里人请了毕摩给医治好了。但从此他就一蹶不振，当毒
品在村落里出现时，他成了受害者。木基的弟弟木格，因为家里穷，加上
头上长有疮，怕学校的学生耻笑，因此从未上过一天学。尽管没上过学，
但他是个能干听话的孩子，村民们经常夸他懂事，热心助人，孝敬老人。
但就这么一个听话的孩子后来竟然也开始吸毒，当地人都不明白是怎么回
事，后来他到外地混上了黑道，因为抢劫被判了 5 年刑，出狱后，没多久
又复吸了。这家的老大阿木是个老实人，可不幸的是，他唯一的儿子木达
（我在小学工作时，他是我一年级的学生），长大后跟着调皮的学生一起
混，15 岁就染上了毒瘾。还因为吸毒而被送往医院抢救。这家还有两个
姐妹，其中一个妹妹嫁的丈夫也吸毒。其实像这样整个家庭都吸毒的个案
不只是发生在格木村落，在凉山的腹心地带美姑、昭觉、布拖的情况更
严重。近几年在政府的严厉打击下，毒品问题得到控制，很多彝族青年开
始认识到毒品给家庭和自身带来的危害，新生的吸毒人群在逐渐减少。

　　上面提及的吸毒人大部分是文盲，但村落的人是否吸毒和有没有上过
学毫无关系。在这里，我不是要探讨彝人为什么吸毒，而是想要探讨现代
教育是否能成为防范彝人吸毒的通道。学校教育把现代化过程中的失范行
为作为严禁之事。2000 年以后的凉山学校将有关毒品与艾滋病的相关知
识作为学校宣传的重要内容，大部分学校的标语、板报上都有这些内容，
上级部门也不时地做定期检查，因此办板报的目的除了警戒学生外，还作
为应付上级检查之用。每年的"6·26"禁毒日，学校都要举行各式各样

的活动对学生进行宣传和教育。因此，现代教育的首要目的是为预防现代化带来的疾病而提前打疫苗。

吸毒与一个县的经济发展也有着必然的联系，甘洛县第一批吸毒的人中不乏那些刚富起来的人。20 世纪 90 年代，矿产资源的开发带动了甘洛经济迅速发展，吸食海洛因成了有钱人的一种炫耀资本。2000 年以后，毒品开始向农村蔓延，从山脚蔓延到了"二板山"居住的村民。格木村的邻村——红星新村①是新建的临时村，搬迁给村民带来了便利的交通条件，但同时也拉近了村民与毒品的空间距离。这个村落没有学校，因此大部分学生就在我工作的格木中心校住校上学，因为受社区不良环境的影响，红星新村的男孩子特别调皮，染头发、抽烟、赌博等学校严令禁止的行为，孩子们统统将之带入学校。我曾经教过的一位男生阿甲（化名）就是这个村落的。阿甲特别聪明，但对待学习的态度忽冷忽热，高兴了就认真上课，不高兴了就带着班里的学生捣乱。尤其在周一刚从家里来时，显得格外调皮，经常令我无计可施。后来得知，这孩子的父亲以前坐过牢，从小没人管，和社区里的混混一起养成了很多不好的习惯。阿甲小学毕业了，上了初中，没念多久就出去打工了，我再没见过他。

现代化必然会给人们带来种种失范行为，现代教育则成了一种补救和预防机制，现代社会一面在不断地生产危机，一面又通过相关机制来进行查漏补缺，而对于那些在这场浪潮中还未做好准备的彝族人来说，他们并无一丝防备心理，所有的新奇之物，他们都愿"以身试法"。

二、村落这群迷茫的小伙儿

格木小学在公路下方，每到下午经常会有小伙儿不约而同地聚在学校上面的公路旁。快到火把节了，大部分村落里的小伙儿从外面回来，因此

---

① 该村名为化名。

聚在这里的小伙比平日要多。他们聚在那里闲聊，用他们自己的话说是"在这里看风景"。学校放学时间一到，他们就会去学校打篮球。学校有两个篮球场，一个要稍好一些，只要这些成年的小伙儿一到学校打篮球，学校里寄宿的学生就自然地到稍差的球场打球。村里的小伙儿年龄在18～20岁，有成家了的，有刚从初中毕业的，也有毕业两三年的。他们在格木上小学，大都初中毕业（或没毕业）就不再继续上学，现在也有个别孩子上了县城的职业学校。这样的小伙在村里大概有20个，他们陆陆续续从学校毕业，又陆陆续续出去打工。他们的父母总抱怨说："这些孩子不知道怎么回事，每个人出去最多打3个月工又回来了。挣的钱还不够他们花。有时家里还给他们准备车费。"

我经常无意间在去上课的路上遇见这些小伙儿，他们靠在公路旁的栏杆上吹牛，我也时不时和他们一起聊天。这里面自然有我曾教过的学生，尽管都是快20岁的小伙儿了，他们见到我时还是有些腼腆。其中有一个叫金才的孩子上了甘洛职业中学，学过烹饪技术，到北京打过工，一个月1800元，但做了3个月就回家了，原因是北京气候太冷不适应。剩下的有在成都打工的。还有一个在保龄球馆打工的男孩，形象不错。他对我讲他现在特别想学英语，因为在球馆里工作，会英语的话工资要高一些，而他因为不会英语，只能做推销会员卡的工作，工资相对少。我问他们为什么每份工作都坚持不下来，他们一致的回答是"想家"。"想家"，可能是他们心中的真实想法，也可能是他们想要逃避外面辛苦工作的最好借口。这部分孩子在外打工一般都是3个月，3个月后，他们就会回来，有人说想家，有人说是因为外面没有家里好玩。而对于那些不外出打工而留在家里的人，他们认为，"这些人白吃白喝，在家混的，看不起这些人"。

这个村落有几个小伙之前在北京打工，但后来，都集中到了成都。这也是彝族在外打工的一种特征，他们自己也谈到"不像外面的人，三五个一起，我们是一群人在成都打工"。除了其中一两个能挣到钱带回家给父母外，大部分都把钱花在了外面。除了买衣服什么的，剩下的就和大伙一起去成都各地玩，去过的地方有青城山、欢乐谷等。他们认为在外面找工作，除了学历高的好找工作外，就是当过兵的，因为外面的人认为当过兵的人素质高。被问到"你们还想回去读书吗？"他们都摇头表示不想再回去了。

　　几乎在每个村落都有这样一群迷茫的小伙。我在村落中，访谈了不少这样的小伙儿，他们都对自己的前途很茫然，不知道下一步该做什么。他们最经常的活动就是来到学校旁的公路栏杆处聚聚，有时也看看学校里发生了什么。这些已经跨出了学校大门，但接下来还不知道去哪里的小伙儿们，无论是否还怀念学校生活都无法回去了。因此，只能在学校上方俯瞰那些还在学校里读书的孩子们在那里疯玩，每次我问他们，你们在这里看什么，他们傻笑着说："看风景。"

三、"上学就是来玩的"

　　尽管孩子们的学业成就依旧很差，但对学校有一种特殊的情感，有些孩子尽管不爱学习，但依然喜欢学校的生活。格木村的孩子们在学校里总能找到很多乐趣。星期一到了，这个在周末极其安静的学校，又要热闹了。真正的热闹则从 10：30 国歌响起开始，这时老师和学生们都到齐了。而通常在周一的 10：00 以前，这所学校每间教室有一半的座位都是空的。这是这所学校特有的现象，学校有一半的学生需要坐火车来上课，他们大多住在山上，绿皮火车从他们居住的山脚经过，到学校时已经快10：30 了。星期一早上大多班级都会自习或是复习之前学过的内容，因为学生没到齐，无法进行新课内容的教学。第二节课快下课时，学生陆续到了，这时学校要开始进行每周一次的升旗仪式。为了不错过升旗的活动，很多年前，学校就将升旗的时间延至 10：30。周一早上的课是从升完旗之后的第三节课正式开始的。而到周五，也因有学生坐火车回家，周五只上半天。中午学生们迅速吃完饭，背着书包回家了，一周就这么结束了。因此严格算起来这个学校真正上课的时间只有 4 天，比国家规定的一周 5 天的上学时间要少 1 天。自从有了成昆铁路，这种上课的作息时间就这么定了下来，学生坐绿皮火车是免费的。

学生一天有 7 节课，住校生加上晚自习有 8 节课。其余的时间都是孩子们的，通校生（也就是这个村落的学生）一放学就都回家了，住校生们放了学，就在学校里玩，通常是不允许住校生随意出校门的。玩是孩子们最大的喜好。我经常问学校的老师同一个问题，"这些学生来学校目的是什么？""来玩的。"有不少老师都给出了同样的答案。与大城市里的孩子们忙碌的情景不一样，除了上课时间，这里的男生最喜欢的是打篮球，只要不是上课时间，大部分都在球场上，可以这么说，也只有在学校，才能有这么多人一块儿玩的机会。当我问一个小男孩"你喜欢上学吗？"他说："喜欢，学校里可以和大家一起打篮球，农村里没有篮球架。"在下雨的时候，学生们依旧抱着篮球在球场上英姿飒爽地奔跑着，那些不熟悉的知识，不及篮球带给他们的快乐多。

他们没有升学的压力也没考大学的压力，父母将他们送入学校还可以减少家庭负担，因为在学校吃住都不花钱。持有极端看法的老师认为学生到学校是来找饭吃的。

王老师：我觉得学生到学校是来找饭吃的。

我：家里没有吃的？

王老师：现在国家供吃，吃饭不要钱。

这里的学生一个月可以拿到 145 元的补助。一个学生最多交几十元钱就可以在学校免费吃住一学期。从 2012 年 6 月 1 日开始，学校又开始给学生提供营养餐。学校的食堂旁有一个残食桶，吃不完的饭菜，学生都会将之倒进残食桶，在吃肉的周一，残食桶里不仅有白花花的大米饭，还有不少肉。此外，为了加强学生的营养，学校每天早上还给学生提供一个鸡蛋。

上学的条件越来越好，可在学校里我经常听到老师们的抱怨：学生越来越不听话、不好学，整天就知道玩。学生中很少有阅读习惯的，一下课，教室里通常空无一人，都到操场上去玩了。

四、住县城的"乡村教师"

"微型车"是一种小面包车，车身统一为绿色，如今甘洛的大部分乡村早已通公路，而连接乡村和城市的主要交通工具就是这种"微型车"。国家给这些"微型车"车主一年 16 500 元燃油补贴（这个补贴是根据线路来的，每年根据油价的涨幅会有所不同）。每辆"微型车"都有固定的路线，不得非法载客。甘洛的乡村教师大多坐"微型车"上下班，有早上去下午回县城的，也有在较远地方教书的，如，格木小学的老师通常是周一下农村，周五中午回县城。大多数老师都在城里买了房子，教师子女在城里上学，或被送到省城或州上的学校上学。周末一到，校园里除了个别住在学校的家属外，其余老师几乎都进了城。每逢周一早上，县城汽车站就特别热闹，大家都在那里赶车，也有不少学校的老师会固定找一个师傅，在一个固定的地方接送。几年下来，很多师傅与学校的老师搞熟了，他们和学校的老师关系也很好。学校里有什么活儿都喜欢找这些"微型车"师傅，这些师傅也特别愿意帮忙，他们会帮着老师拎东西。甘洛的农村乡下，除了镇上，大多没有集市，一般很少有菜卖，所以周一早上老师都会把一个星期的菜和肉买好。

从县城到格木村的路很危险，尽管路面修得还算好，但两岸的山上经常有飞石滚落下来。坐在"微型车"上，我每次都在祈祷，"不要有石头"，但时不时，还是会遇到石头咚咚地打在"微型车"车顶或前面的挡风玻璃上，因此在这条路上很少能看到挡风玻璃还完好无缺的"微型车"。去格木最好的交通工具就是这种"微型车"，因为这些师傅熟悉路况，知道哪里有飞石。这条路上的交通事故（由于飞石）大多是外地车，很少有"微型车"出事故。这里的山很高，很陡，太"立体"。随时会有飞石滚落下来，而路旁是一条湍急的河。到格木乡小学工作的老师，一年四季都走这条路，大家都不是很在意，这一路的"不安全"，大家也习惯了。

一到学校，老师们就赶紧把一周买来的菜放进宿舍，有课的老师赶紧去学校上课了。学校的老师们都可以免费在学校食堂吃早饭，以往是馒头，现在还有鸡蛋。2005 年以来，老师们的早饭都是馒头，但最近两年也有老师用豆浆机来打豆浆喝。中午一到，老师们纷纷回宿舍开始忙做饭。现在的学校是在 2005 年普及九年义务教育时修建的，但没有给教师修宿舍，因此老师们大部分都还住在原来的老校舍里，这些校舍都是几十年的老房子了，很多房子一到下雨天就开始漏雨。中午吃了饭，休息一会儿，也就到下午上课的时间了，老师们又纷纷从上面的老学校走下来，上课。下午课结束了，有喜好打篮球的老师在学校打打球，没事的老师就回宿舍，准备晚饭。课间休息，大部分老师都会回到办公室，全校的老师都共用一个办公室，因此教室里发生的事情，或学校外发生的新鲜事，都会在办公室里有一个交集。老师们边聊天边批改作业，因此谁的班有个好学生，哪个学生成绩差，哪个学生调皮，全校老师都心中有数。

晚上 7 点自习结束，老师们又都回宿舍了，或聚在谁家聊天。就这样，一天的工作、生活也结束了，日复一日，年复一年。在这所学校有待上 20 年的，也有待到退休的。有一半是汉族老师，一辈子教了一批又一批的彝族学生。

老师们的活动范围就在这两个地方——学校与宿舍，学校外的村落和教师之间几乎没有任何交集。村民可能知道他们是学校的老师，但老师们几乎不太认识村落里的人，除了个别老师外。现代教育自然地把教师和村民隔离开了，在老师看来彝族村民是落后的，是需要教化的。而村民对老师也有意见，认为老师除了教书，还打麻将，吃着国家饭，却教不好自己的子女。村落与老师之间几乎没有互动，因此很多老师在这个村落教了一辈子书也不会彝语。

　　对少数民族教育，王老师[①]谈道："学校应该改变家长的观念，发动村干部的作用，教师应该家访，家访应该集体进行，因为一个村落不止一个班的学生。村小的百姓比现在我所在学校的村民要淳朴得多（这位老师曾在村小教过书）。村小周围的百姓知道尊敬老师、对老师好，经常给老师拿吃的，而乡镇周围的百姓想要与老师'平等相处'。"

　　以下是我和另一位老师的访谈内容：

　　我：你在村小待了多长时间？

　　李老师：2001 年去了村小。我们去时有 26 个学生，只有一个班，我们夫妇一个教语文、一个教数学。我当时已经有两个孩子，怕女儿说彝话就把她送回了老家。

　　问：你在彝族地方教了 18 年的书，有什么体会？

　　李老师：我觉得值得，本来我就喜欢教书这个职业。我现在 39 岁了，依你们彝族算就是 40 岁。

　　问：你更愿意在汉族地方教书还是彝族地方教书？

　　李老师：汉族地方。在彝族地方教书累，一个简单的问题，重复地讲。交流很重要，但彝族家长不配合老师。我们当时在村小，有好吃的，家长叫上我们，我们有什么也给他们吃，感觉人与人的感情相当重要。现在，整体上家长对娃儿的教育意识增强了，家长意识增强了，思想觉悟也提高了，原来是个别家长重视教育。但也有问题，条件差的地方，家长通过辛苦才能挣到钱，而条件好的家长主动发钱给孩子赌博，这不行。还有家长爱孩子的方式不对，大人学赌，孩子也学赌，我们班的孩子就带牌（扑克）到学校来。除了这些外，以往说"父母是孩子的第一任老师"，我们老师是第二任老师，现在我们相当于还要去扭转第一任老师给学生造成的不良影响，真是困难，我们除了传授知识外，还要指导学生的个人行为，比如有打群架

---

　　① 本章所有老师均用的化名。

的、乱扔垃圾的、不爱惜粮食的。我们教书不是单一的给学生传授知识。这儿的学生读书没有压力,因为没有升学考试,没有什么家长给学生压力。现在安全第一,教育第二,只要不出什么问题,啥子工作都干得好。

一到周五的中午,"微型车"又开始聚在学校门口,等着老师们。老师们拎着包跳上"微型车"回县城的"家"里。这里的老师有两个"家",在县城的家待两天,其余时间都住在乡下的"家里",但就这样,老师们还是积极想办法存上一辈子的积蓄在县城里买上一套房子。这些老师成了住县城的"乡下人"。学生也有两个家:一个是"更农村"的家;一个是学校的宿舍。但与老师们刚好相反,他们在"更农村"的家住上两天,在学校的那张床上住上 4~5 天。现代教育将老师和学生聚拢在了一个离家更远的地方。

五、"彝文考试"和彝文老师

今天小学毕业考试,一大早,初中的两位校长就拿着试卷到学校来了。2007 年以来,这个地方采取的都是初中老师监考小学的毕业考试:这一方面是为了严格,考出真实成绩;另一方面是因前几年的一场争论,"社会上"说学生成绩差是因为初中老师没教好,而初中老师则认为学生基础差,是因为小学老师没教好。出于这个原因,教育局采取了初中教师监考小学毕业考试的方法。早上考两门,第一门考语文,第二门考彝文,下午考数学。彝文是"二类模式"学校小学毕业考试必考的科目,但不计入总分,只作为一种形式。彝文考试没考到 10 分钟,就有学生交卷出考场了。

每年一次的小学毕业考试,彝文就和语文、数学一样是必考科目。这是凉山"二类模式"学校都必须"例行的公事"。可惜不像语文数学考试那样需要 100 分钟的时间,彝文考试学生只需 5 分钟或更少的时间,试卷刚发下就有学生吵着要交卷。没有学生会彝文试卷，但学生们并不会感觉奇怪，只是想着快点交卷好去操场上玩。于是趁大伙儿交卷在操场上的工夫，我和学生开始聊彝文和彝文课。

我：怎么这么早就交卷了？

学生：不会做，我们都是抄的。

我：抄谁的？

学生：把上面的题目抄下来填在空格里。

我：那不是都错了吗？

学生：没办法，我们不会做。

我：你们没有开彝文课吗？

学生：四年级时学过一学期，后来没有老师我们就没有学了。

我：你们觉得，学习彝文有必要吗？

学生：有必要。

我：为什么？

学生：一个民族还是应该学习自己的语言。

看来，彝文考试只是一种形式，语文、数学科目的考试试卷都会返回县上进行统一阅卷。而唯独彝文留在学校，不会被评阅，作为档案被保存了下来，没过几年这些都成了垃圾。

说到学校的彝文课，学校里曾有一位专职负责教彝文的老师，这位教彝文的老师是 60 多岁的老人，以前负责扫盲教育，后来一直负责学校的彝文教学。他对工作很负责，甚至有时还和语、数老师抢课上彝文，搞得学校同事不理解，没有人把学校的彝文当一回事，除了这位老人。他办公桌上的彝文作业本是教师办公室里最整洁同时也是摆放最工整的。他平时和其余老师没有太多的交流，通常是在办公室里埋头评阅学生的作业，评阅完后就端着茶杯在篮球场边看看学生打球，在学校每周一次的周前会上，他从不发言。因此，有时人们几乎忘了学校还有这么一位老师。

2010 年老人退休后，这个学校再也没有开设彝文课。以往的彝文课换成了"民族团结"课，有一本四川省编的教材，供老师们使用，但多半都是让学生们看看就行了。没有人问及彝文课的事情，很多彝族孩子尽管都会说彝文，但都不识彝文，反而对那些识彝文的人，大家会投以奇怪或钦佩的眼神。作为彝族人很少有人去想"为什么我不会自己的民族文字"。

在有关如何看待彝文教学的问题上，在田野中我曾就这个问题与Harrell谈过。

我觉得这是一个很关键的问题，我考虑了很多，但至今没有好的想法。保持文化多样性是人类学家的基本原则之一，我作为人类学家，必须要坚持文化多样性。所以我们建羊圈小学时，强调要学彝文，羊圈建校的头几年有老师在教彝文。但这是一个很复杂的问题，因为你要分情况，彝族各个支系都不一样，一般的彝族都有自己的文字；拉罗、聂罗、里波、罗罗颇没有文字，从古代到现在用的都是汉字；撒尼、阿细、纳苏、诺苏有自己的文字。90 年代是学习彝文的高潮。彝族领导支持，怕自己的文化在"文化大革命"后消失。1994 年，我和巴莫阿依听了两节课，全都是彝文教授，一句汉语没有，教师教得很活泼，学生学得很好。但我发现现在大家越来越不重视彝文教学。很多人分析是因为"考试不加彝文分，所以不重视"，我把它颠倒过来，"是因为不重视，所以才不加分"。为什么不重视，有几个原因：一是家长不热心，各个地方，包括前天访谈一所学校的校长时我问道："为什么不开彝文课？"校长谈道："家长希望一年级由汉族老师来教，他们怕彝族老师发音不准。当然这要看普通话是否标准，区别不是汉族老师还是彝族老师。"二是彝文在社会上没有太大的用处。甘洛是杂居地区，美姑、布拖、昭觉和喜德的一些地区，是真正的"诺苏"地区。我们当时去的米市镇有 8000 多口人，其中只有 18 个是汉族，都是老师，其余的都是"诺苏"，连干部都是"诺苏"。在那些地方，彝文字有没有用我不太清楚，我好几年没有调查过。现在凉山州每个县的店面招牌都用彝族文字翻译，例如，"益民农家店"这几个字是彝文字音译过来的，这并不代表什么，我也可以写拼音。因此，彝文是一个民族政策和民族意识的问题，大家认为这是一个自治州，应该有自己的文字，所以"益民农家店"音译过来，没有用，但它有心理的作用。三是社会的因素，彝族人不会去昭觉、美姑打工，到了外面彝族文字没有用。四是媒体。媒体有多少？《凉山日报》（彝文版）有几个人在看？

目前凉山彝族有两类人会彝文：一类是毕摩，但毕摩越来越少；还有一类是彝族的部分学者。现在有些彝族知识分子用得很好，但一般的老百姓都不会写，大家写信还是用汉族文字。因此我在想彝文会不会变成像文言文一样的文字，现在文言文没有人用，但还是有人会学，会看。学文言文是为了保持文化传统，"诺苏"文字会不会变成这种东西？变成能够了解传统的一个工具，但这不是社会沟通的工具。作为人类学家，我感到有点失望。考虑到教育，说实话学彝文不太有用，但还是应该开设彝文，同时汉族孩子也应该学彝文。彝族孩子应该继承这个传统，因为他在家里还是说"诺苏"话，但这个如何强调、强调到什么程度，这很难说。

在学习彝文的问题上，自然会涉及很多问题，如，"少数民族成员为什么需要接触自己的文化呢？只要保证他们接触多数人的文化（例如，通过教他们多数人的语言和历史），为什么不让他们的文化自行瓦解呢？"（金利卡，2009）。关于这些复杂、尖锐的问题，放到本书的后面部分来分析。

第四节　不同与趋同

第三章的内容，我论述了甘洛黑白彝地区的不同状况，虽然所选取论述的现代化事象不同，但这并不表示这两个地方存在很大的差异。事实上我们看到，在现代化的过程中，无论是白彝地区，还是黑彝地区，我们都能找到相似或趋同的地方。究竟有哪些趋同？这些趋同是由什么带来的？这是本节需要探讨的问题。

因现代化过程中两个村落所呈现的现代性的差异，我在两个村落关注的角度会有所不同。2012 年，在托觉村，我看到更多的初中和小学未毕业的学生外出打工，而不同的是在格木村还是会有不少孩子读到初中毕业或是进职业学校，这是两个村落呈现的不同点。不同的选择，其实质是一样的，都是为了逃避现代教育所带来的束缚和压力，托觉村学生外出打工是到另一个现代场域，而格木村的学生喜欢打篮球则是通过身体的疲劳来忘却课堂上那些难懂的知识。选择玩，是对学习的逃避，选择打工也是对学习的逃避。孩子们很少认识到学习对自己将来的重要性，而家长和老师在劝服学生好好学习的问题上已被社会的大趋势给打败。因为太多学习不成功的案例让学生认识到好好学不一定就有好的前途和未来，而学习不好的也未必没有好的前途。教育的功能在现阶段的彝族地区遭到了质疑。

在教育上，两个地方的趋同还表现在，随着社会的发展，托觉村可能会出现和格木村一样的情况，人们更多的是在上完初中再去打工，这种趋势是能预测的，现在在托觉村上初中的要多于几年前。因此我们看到两个村落，尽管一个黑彝区、一个白彝区，但他们都在同一条线性的发展路径上，只是先后次序有别而已。

从社会问题上来看，两个地方也有趋同性。在经济状况和交通方面，格木村要好于托觉村。但是我们看到经济状况好的地方是最先遭受危机的地方。托觉吸毒的人并不多，听说之前有两个都已经被拘留。而在格木村，因为交通便利，以及人们外出机会的增多，吸毒的人群比托觉村要多得多。这也是社会发展中的一个悖论：经济越是发达的地方，社会问题就越突出。在格木村不仅有吸毒的，还有一个不好的社会风气就是赌博。村落中这些不好的风气直接影响到学校教育，在学校中，老师也经常发现学生学村落里赌博的人群在宿舍或偶尔在教室里赌博。因此我们看到社区给现代教育带来了负面影响，而这种影响直接对学校的教育带来了冲击。吸毒现象在很多年前的托觉村是不存在的，它的出现比格木村要慢一些。而从目前整个甘洛的吸毒人群从县城到农村、从农村山脚村落到二板山这种趋势来看，随着托觉村外出打工人群的不断增多，在将来是否会出现一个吸毒的高峰现象？但也有一种可能，是人们从之前吸毒人所遭受的危害中，认识到毒品的危害，因此吸毒人群会越来越少。

再次，现代化所带来的语言同化，也可能带来两个地区的趋同。这一点我们可以从教育与语言的关系上来看，白彝区的格木村要好于黑彝区的托觉村，格木村落的学生最早接触现代汉语，他们在未上学之前已经懂一些汉语，自然在语言上的障碍要少于托觉村。而托觉村的学生在上学之前几乎没有机会讲汉语。但我们看到随着电视在托觉村的普及，现在的孩子在上学之前也会一点汉语。随着现代教育、打工、电视的普及，以及现代化的进一步深入，以后彝族学生的学习可能不会存在语言障碍，而所付出的代价是彝语言的消失。

综上所述，尽管我们看到的是这两个村落不同样态的现代性，但随着现代化的纵深发展，不同样态都在趋同，其结果是民族不断同化，融入主体民族。这种现象还可从居住在城里的人来说明，在甘洛县城居住着很多彝族，而这些彝族家庭的很多孩子大多不会讲彝语。他们的爷爷奶奶、外公外婆虽然不会讲流利的汉语，但奇怪的是尽管讲汉语别扭，老人们也选择用汉语和他们交流。

第四章　麻风村的教育现代化

彝　族　教　育　现　代　化　的　发　展　与　困　境

　　全球浪潮席卷下的中国社会，不同区域因自己的历史、文化、经济等因素，呈现了不同的现代性样态。在各种不同中，最边缘、最弱势的人群对现代化作出了最敏感、最强大的反抗和排异，抑或接纳和隐忍，因此从弱势群体的现代性样态中应该最能看到全球现代性的矛盾和冲突。如果说边缘山区的少数民族因经济、文化、教育等问题成为当今中国的弱势群体，那么麻风村落又经历了怎样的现代性呢？本章将通过甘洛一个彝汉杂居的麻风村落来诠释和分析现代性的矛盾与冲突。

　　对彝族群体来说，"麻风"听来比艾滋病更可怕，因此麻风村落的现代教育有几十年的缺场，用当地人的话说："因为限制的原因，我们都没有'正经'上过学。"一个少数民族地区的麻风村会有怎样的现代教育？谁会在这里扮演现代教师的角色？这样一个被限制的地方是怎样被卷入全球现代化进程中的？

第一节　古　达　村

　　无论我什么时节到"古达村"①，都会为这里迷人的景色感喟，世间真的只有被遗弃的角落才可成就一片"世外桃源"。每到春暖花开，漫山遍野的索玛②，一簇簇、一丛丛连成一片，整个山林变成了索玛花海。而

---

　　①　该村名为化名。
　　②　索玛花是杜鹃花的彝语名，又名映山红。每到春季，海拔 2500 米以上的大凉山上，到处开满了索玛花，成为了凉山一道独特的风景线。

夏日里村口那一片片金灿灿的葵花争奇斗艳，美丽至极，与世俗之物相隔甚远，这里可谓是一片"世外桃源"。"世外桃源"原本是主体积极建构的过程，而这里的主体被"世外桃源化"，在凉山不只是这个县有麻风村，与甘洛毗邻的越西县也有麻风村，外人一直将麻风村视作恐惧和厌恶之地。

第一次的介入，文化中原有的根深蒂固让我有些害怕。彝人对麻风病的恐惧和歧视是相当深的，家族中只要有一人患了麻风病，几代人都会因此而被冠上"癞子根"的污名。当地百姓有句俗语"疳疮子惹人，癞子不惹人"，意思是说，疳疮这种皮肤病是会传染的，而隐含的意思旨在强调癞子的可怕性。在上一章提到的甘洛黑白彝地区，据说是麻风病盛行和放巫之地，人们一般认为黑彝地区流行麻风，白彝地区喜欢"蛊"，而这些事象最终都带来两个地区的矛盾。

福柯常拿麻风病和鼠疫作类比，认为"（权力）对麻风病的反应是消极的，是一种拒绝、排斥的反应；对鼠疫是一种积极的反应，是一种容纳、观察的反应。"（福柯，2010）我拿艾滋病和麻风病进行类比，尽管艾滋病是新近发生的，但当地人对其的害怕程度不及麻风病，因麻风病已不仅是一种疾病，它已经和一个家族的荣辱深刻铰接在了一起，而艾滋病目前还没有这种铰接滋生的时间土壤。

在古达村的入村口立着一个蓝色的标志牌，下面是当地政府的一段描述：

"××村地处甘洛县××乡××坪，原名××村，始建于1958年。为了使该村融入正常社会生活，2007年12月，经县政府批准改为现名。××村群山环抱，万木葱茏，物产丰富，生机盎然。每至葵花盛开时节，山川奢华，百花争艳。近年，通过各级政府及民政部门持续不断的资金投入和好人倾情帮扶，该村住房、通行、饮水、就学、文娱、农产业及生活保障等方面发生了历史性改变，崭新的村落昭示着时代的变迁和进步。（二○○九十月三十日）"

　　古达村目前居住着 32 户，104 人。彝汉杂居，大部分是汉族，但却是被"彝化"了的汉族，上了年纪的汉人都会讲彝话，和当地的彝人没什么区别。从外形、语言上，无法区别他们是彝族还是汉族。而更有意思的是，这个村落几乎都是姻亲关系，用当地话叫"互相开亲"。麻风村落作为一种隔离地带，是如何形成的？20 世纪 50 年代，依据当时的政策，所有患有麻风病的人，无论是汉族还是彝族，都必须搬至海拔相对较高、人迹罕至的村落，并将其作为一个行政村进行管理。这种管理的目的是让那些所谓的"正常人"远离麻风，获得安全。当年的隔离式康复模式确实发挥了积极的作用，但是随着社会的不断发展，随着人们价值观、权力观的改变，隔离式康复模式的弊端也日趋显露。如今导致的结果必然是麻风病人及其后代被排斥、被抛弃、被边缘化。权力作用换来了大部分人的安心，而让一部分人从此备受歧视。从利益最大化的角度来分析，这种做法似乎无可厚非。而现今有麻风病人主动"隔离"则让我们看到麻风病人从"正常环境"中逃离，寻找认同①。

　　现代化，或者说现代文明是以学校、医院、邮局等组织机构的逐步介入为标志，而古达村的现代教育大概有 30 年的缺场，这里 20 世纪50—80 年代出生的人都是文盲。这种缺场竟是以一种权力的深度在场而导致的。受教育是公民的一种基本权利，国家为了保障国家公民的这种权利在 1986 年颁布的《中华人民共和国义务教育法》第四条规定："凡具有中华人民共和国国籍的适龄儿童、少年，不分性别、民族、种族、家庭财产状况、宗教信仰等，依法享有平等接受义务教育的权利，并履行接受义务教育的义务。"而现代教育却将这群人排斥在外，因为他们不是"正常人"，权力的在场和缺场，依据的标准是"对象是否正常"，一旦认定是不正常的，现代教育就可以将之排斥。在村落选举中规定，村中基层权力的执行者必须是具有一定文化知识水平的人，而这

---

① 在调查中我发现有部分麻风病人是近期自愿搬来的，并非政府强制行为。

几辈人中竟找不到一个合适的人选，因此村落人不能成为拥有权力的主体来管理村落事务。

这里很少有外人来，因此只要村落里响起汽笛声，人们就会赶过来，看个稀奇，尤其是那些常年或一辈子也没有下山机会的老病人们，他们会一瘸一拐地来到村落里经常停车的路口，看个究竟。这些年，外界的帮扶导致了村民的依附心理，而这种依附并不是物质上的，是一种对打破平常生活的依附。汽笛声，让他们觉得自己没有被遗忘，此外，他们也可以趁这个机会看看外面人都带来些什么，从而推断外面发生的变化。因此来往古达村的人，成了古达村不能外出的人了解外面世界的一扇窗户。而外来人对他们的态度，可能也会影响他们对待生活的态度。

第二节　限制与教育

古达村至少有三代人的教育因麻风病而受到"限制"。在无数次和古达人的访谈中，他们用的频率最多的就是"限制"这一词。"限制"有两个词性：名词是指不让超过的界限；动词是指局限在某个范围内。限制也意味着歧视和排斥，以前只要古达人下山，经过下面有个叫"前进"①的村落，那里的小孩就会一边骂他们"癞子"，一边扔石头驱逐他们，不准古达村的人从他们的地盘上经过。古达村的几代人都经历了这种被"限制"的故事。村里年龄最长的唐万才②老人给我讲述了他被"限制"的故事。

唐万才，山西人，1929 年生。1948 年参军，华北解放后，跟随部队到过青海、兰州，后来到了四川，在会理公安队工作。甘洛建县时，老人

① 该村名为化名。
② 因为涉及隐私，本章所用均为化名。

被调到甘洛县。1958 年，别人反映他的爱人得了麻风病，于是借口把他从工作岗位上精简下来。当时唐老人并不知情，他想不明白，从工作岗位走的那天把办公桌砸碎了。1958 年，唐老人带着爱人回过山西老家，在老家住了 10 个月，最终因爱人在生活上不适应返回凉山。回到爱人的娘家，那里的人不接收他们，因为离老家太远，于是在无奈之下，1959 年搬到了现在的古达村。刚搬来时，村落里只有四五十人，后来吉米、斯觉的人也搬来了，最多时达到了 300 人。唐老人本是健康人，于是县里安排他给村里办事，买东西、卖东西，帮村里办一些要紧的事。古达村的人被人歧视，即使像老人这种并未患病的人一下山，山下的人也把他当麻风病人看待。古达村的老地名"胖窝坪"（化名），只要一提是"胖窝坪"的人，无一例外都被认为是麻风病人。"食堂化"时期，山下的人饿肚子上山挖折耳根，有一妇女曾在老人家住过。后来有一回老人下山，那妇女一见到唐老人，蒙着嘴，转身就走。唐老人气不过，几脚把那妇人的门踹开，骂道："你给我出来。"那妇女的儿子不服气，老人说，"你妈在'食堂化'时，到处找野粮，在我家住，我家吃，我现在还没到你家，离你家还远，她蒙着嘴转身就走。小伙子，你读过书，你认为你妈的这种做法对不对？"

老人和子女，以及村里的病人关系融洽。老人常说："人亲不如病亲，大家和和气气的。"

唐老人没有读过书，但识几个字。他在公安队上做监狱工作时开始识字，因为需要看懂别人交来的条子，所以自学识几个汉字。唐老人有三儿一女，都没有患病。因为山脚的学校限制麻风病人，他的孩子都没有上过一天学。老人提起"不要说给孩子报名，我们到山下，别人都把我们看成病人"。

唐志兵是唐万才的大儿子，也是古达村的前任村主任，唐志兵给我讲了他的故事。"我是 1963 年生的。因为母亲得了病，从来没有'读书'这个想法。再加上同龄的人都没有去上学，自然也就没有这个想法了。到了

十一二岁我才知道有'读书'这件事。自懂事起就帮家里干活，当时我家
四姐妹都没有读过书，8 岁看羊，一直看到 17 岁。我第一次到田坝镇上
是八九岁时，和村落的人一起去的。长到十七八岁，我才明白自己的村落
和别人的不一样。后来，我们到外面去玩，怕别人说自己，这种压力是很
大的。在外面打工，结识过一个姑娘，因为这个病，但最终还是没有结
果，哎，缘分是天定的。我们这里的小伙在外面找媳妇的很少带进来，外面
找到的就在外面安家了。这种情况很难说，多数还是被人家歧视。"

韩蕾是村落一组的组长，长得憨憨的，我问什么他都会笑："我是
1983 年生的，是汉族。我从未上过一天学，自己的名字也不会写。自己
笨，没有上过学，也没想过上学。我现在是村里的组长，已经是三个女儿
的父亲，我老婆叫阿牛，是彝族，她家是从石海搬过来的。也是因父母有
病搬来这里的。在早些年她们一家人曾经搬到老家石海住过，但在那里受
到歧视，因此又搬回来了。我的老婆在石海上过几年学，相对于我，她算
是个'文化人'。"

在古达村 30 岁以上的人几乎都是文盲，顶多也就会写自己的名字，
而学会写名字也是为了政府发救助款的时候能用上。在古达每个人每月有
45 元的补助，病人 140 元的补助，补助一个季度发一次。发补助时，需
要签名和按手印，这些事情都是乡政府的人在办理。

因为这个病，古达村不仅在教育上受到限制，同时在婚姻上也一样。
古达村一个村落 32 户，104 口人，因"互相开亲"，三分之二以上是姻亲
关系，如：陈红的姐姐嫁给韩雷的哥哥，而韩雷的姐姐又嫁给了陈红的哥
哥。这么一来，全村几乎都是亲戚。村落至今还有两位上了年纪的光棍。
也有嫁到外面或在外面成家的古达人，因为不愿暴露自己是古达人的身
份，所以很少回来。

"限制"在这里可以说是一种社会排斥，从社会学的角度来讲，"社会
排斥"是指某些个人、家庭或社会群体，由于社会政策及制度安排等原因
丧失其公民权利，无法参与正常活动或参与不足，导致被边缘化及情感疏

离的机制和过程（孟昉，等，2009）。道格拉斯认为，"世界可以分为两部分：受限制的事物与行动、不受限制的事物与行动。在这些限制中，有些是为了保障神圣不受亵渎，另外一些则是使世俗免受圣神的危险入侵"（道格拉斯，2008）[8]。因为"限制"，这个村落的几代人没能接受现代教育。因此也就不能担任本村事物的管理，管理村落事物的权利都移交给了政府，因为政府规定村落的村主任和书记必须是有文化的人，而全村找不到一个符合条件的人。在一个受"限制"的地方，尽管因"限制"无法具备社会正常发展所需要的条件，但这里的运行一直是根据外在的标准和依据在运行。他们想要出去打工只能隐瞒他们的家庭出身，这样才能找到一份工作。以往人们都视彝族文化水平低，而在古达村有一大群汉族都不识字，再加上他们在部分程度上被"彝化"，人们很难把这群人与汉区的汉族等同起来。权力的深度在场导致这群人在教育上的"限制"，同时也是因为社会排斥让他们从心理和行为上去依附一个比自己弱势的群体——彝族，希望得到他们的认同，从而能获得一个"正常人"的评价。

第三节　村落的彝族老师

凉山在历史上就有西方宗教的踪迹，记录在案的最早进入凉山的外国传教士是 1860 年，法国巴黎传教士把天主教传入会理，并在红布设立教堂。（黄建明，等，1998）[572] 然而由于凉山彝族与外界联系少，天主教、基督教在这一地区的传播比较困难。上文提到，20 世纪初，基督教循道公会英国传教士伯格里就曾亲自由昭通渡金沙江到凉山彝族传教，后被打伤赶走。1947 年，在云南省主席龙云的捐助下，循道公会在德姑、德查二处建立教会学校，并从昭通聘请教员。但"学校开学之初，彝族兄弟不肯把子弟送去上学。经王朝顺与当地头人的多番威胁利诱，才各收得十多

个学生。"（张现洲，1985）

在进入 21 世纪的今天，现代教育在传播"无神论"思想的同时，甘洛彝族地区的基督教徒在逐渐增多，已有近千人。2011 年，在甘洛县玉田镇就组织了"沙呷家"①基督教会活动。彝族自古以来就很重视"家支"的活动，人们只有在"家支"中才能得到保护。甘洛的基督教会没有组织者，通常的形式是教徒们一周聚一次，一起念圣经。教会有一定的基金，这其中就有资助麻风病人和古达村小的。西方宗教在一定程度上打破了彝族"万物有灵"的宗教信仰，改信了"上帝"，而基督教与"家支"活动的联接，让我们看到了在新的形势下，彝族传统文化与全球化之间的联接。

20 世纪 90 年代末，基督教徒开始进入古达村，居住在这里的陈香家里，他们白天教孩子们识字，晚上给大人们扫盲。基督教徒在这里扮演了现代教师的角色，这种活动时断时续，效果不是很明显。政府于 2002 年修建了古达村第一所学校。

从某种程度上来说，因得益于宗教的全球化发展，这个现代教育缺场的村落才开始了识字教学活动。作为村落的教师，古达人在提及他们的身份时，百姓都会加上"基督徒"这一称呼。在这么一个被外人嫌弃的地方，这里的老师是从哪里来的，他们为什么要来这里呢？

王老师是来这里最早的教师之一，是甘洛玉田的彝族。1994 年高中毕业后，自愿到古达来教书。2001 年，王老师和他的另一个朋友住在村民家里，利用村民的客厅教村落里的孩子识字。没有教材，王老师就给学生们买课本，他们选用的是国家推行的教材，学生有 20 多个，但年龄参差不齐，也没有分年级，教了一年后，村民们发现这不是长久之计，于是开始向政府申请修学校。2002 年 9 月份，政府修了几间土房作为教室。2003 年，政府请了另外两位代课教师，王老师自然也就离开了古达村，

---

① 沙呷是甘洛的彝族家支，主要分布在甘洛玉田地区。

代课教师教了一年就走了，村小里又没了老师，村里就专程派了村民去王老师家把他请了回来。2006 年王老师去西昌念大学。2008 年政府新建了目前的古达村小，2010 年西昌的学业结束后，王老师又来到了这所学校。他和这里百姓、学生的关系很好。他讲到有一次他去西昌读书，他的学生们非常舍不得他走，把他从古达村送到镇上。后来，学生们知道他要回来，还专程到镇上去接他。要不是他和这些老师们到古达学校教书，古达村的很多人会和他们的父辈一样是文盲。

马老师是古达村小的老师，和他熟了以后，他给我讲他的故事。他曾是街上的一个小混混，11 岁时，跟着一个调皮的哥哥到了县城，然后去了埃岱（地名）。20 世纪 90 年代末，埃岱开始大规模地开矿，他跟着一些"二流子"，这里面有吸毒的，跟着他们一起偷东西、抢东西，后来他也到慢车（火车）上偷别人的东西，看见别人戴金项链和手链就会抢走。当时有一些成人跟着他们，这些大人的职责是在这些小孩被人欺负时出面保护他们。就这样混到 15 岁，马老师的姐姐将马老师带到了甘洛玉田的一所学校，从那以后，马老师改过自新。马老师说："要不是重新上学，我可能早和我的同龄孩子一样吸毒了，现在他们很多都蹲监狱了。"

张老师也是彝族，他是跟着教会的人一起到的古达村。大学毕业后就来了这里，在这里教书已经有 7 个年头了，一个月 450 元（现在已经涨到了 800 元），这个钱连车费都不够。张老师已经成家，妻子是个农民，他到了这里，家里的农活和照顾孩子的事情也只能交给妻子一个人。

村小有一位管理员，他每天的工作就是帮孩子们做饭，管理校园的环境。冬天对他来说比较辛苦，因为这里缺水，为了给学生们做饭，他要到比较远的地方去挑水。他的这些工作全是义务的，没拿一分钱的工资。没事的时候他就去村子转转，和老人们聊天，或帮助有疾病的人劳动。

老师们的生活很单调，这里的村小早上 9 点早读，以前 9 点 40 第一节早课结束后，每个孩子都有一个鸡蛋吃，这是教会捐助的。现在，国家推行营养餐，孩子们早餐有面包、火腿肠、牛奶。12 点是学生们的午饭时间，到下午四点左右学生们都陆续回家后，学校的这几位老师就聚在一起下象棋，除了看电视，这是他们唯一的娱乐方式。老师们的象棋很简陋，就是一副棋子和铺在啤酒箱上的棋盘。到了农忙时节，老师们也经常帮助村民，春耕时，帮他们种玉米；秋收时，帮他们收瓜了和玉米。古达村每家都有 40～50 亩土地，若年轻人外出打工就没劳力，因此也只有老师们能帮助他们。老师们和村民的关系很好，村民有什么好吃的也会叫上老师们。

长期以来的被"限制"，让古达人认为"不上学"是正常的，而读书对他们来说是一件"非正常"的事，因此没有一个人会有上学的意识。而基督徒老师们的教学行为，尽管在开始之初不成系统和规模，有一些类似私塾的形式，但在村里的这一活动激起了古达人读书的愿望，同时也激发了他们读书的诉求。

因此从古达村来看，正如 Mackerras 谈到的情况类似：

"尽管基督教传教士在中国少数民族赢得信徒的努力大部分是失败的，但他们在教育领域却是十分积极的。作为教育发起人，他们在 20 世纪上半期的主要成就是十分显著的。他们成立了很多学校，提供了教育内容，要比当时少数民族见到的任何教育内容更现代、更进步。在很多少数民族地区，当时传教士所建的学校比当地的传统学校更实用。"（Mackerras，2011）[23]

甘洛的现代教育离不开汉族教师，彝族现代教育的初期是汉族人在扮演教师的角色。相反，如今的麻风村，彝族成了汉族村落的教师。"国家学校体系一般严格坚持教育与宗教分离的原则，少数在学校任教的宗教教职人员通常只教授语言课程而不是宗教内容"（Postiglione，2011）。因此，在古达村并没有老师们利用现代教育来传教。

第四节　族群关系与村小教育

　　古达村上面的村落叫色达村①，从山脚到村落需要从古达村经过。色达村是一个彝族村落，历史上，古达村和色达村的关系一向不是很好。这首先体现在，古达村大部分是汉族，在这里汉族时常受彝族欺负，古达村的牛经常丢失，古达村的村民都很清楚是色达人做的，但从没有亲眼见到，也没有证据，因此也不敢报警。其次，古达村是一个麻风村，一向被外界歧视，作为邻村的色达村更时不时欺负古达村。听陈红的父亲讲到，在 20 世纪 70 年代，古达村和色达村为了争夺一块土地而发生了斗殴事件，当时双方打斗的厉害，参加群殴的人漫山遍野地跑，还有三四个人被打伤抬回来。

　　按理，色达村从民主改革后没多久就一直有村小，而古达村到色达村的距离很近。可在早年，两村落这么近，古达村的孩子却一直被色达村拒之门外。因此当邻村的孩子都在上学的时候，古达村的孩子们只能在家里，帮着父母放羊、种地。2002 年政府在古达村修了三间土房作为学校，古达村有了真正意义上的学校，凑巧也是这年，色达村落因为代课老师走了，学校也停办，学生去山脚的学校实在太远。见古达村有了学校，他们也自然想让孩子去古达村上学。开始时，也遭到了古达村的拒绝，算是古达村报了这几十年的仇。但学校的老师们不忍心让色达村的孩子到很远的地方去上学，古达村的村小老师们化解了两个村落的恩怨。

　　古达村是麻风病村，色达村为什么偏要送自己的子女来这里上学了？

---

　　① 化名。

这都归因于这里的老师们。色达村的村民讲道："这些老师常年在这里教书，他们看到老师们和村民们一起打牌，一起劳动，这么多年过去了都没有被传染，因此对麻风病的戒备也就减少了。"其次，老师们在学校里居住，偷东西的人少了。据说以前色达村的人经常到学校来偷东西，现在有了彝族老师，就再也没有来偷过。古达村村小的老师讲"我们是彝族，那些彝族因为'家支'问题而不敢来偷。"

如今古达村小九成以上的学生都是色达村的彝族学生，古达村因为人口少，这几年入学的也少了。而在学校里，老师给学生讲，要尊重、不歧视麻风病人。古达村的两个汉族孩子和这些彝族学生的关系也很好，没有发生过因家族有病而与学生起冲突的事件。

古达村是一个被"彝化"了的村落，这不仅因为村里的部分汉族会说彝语，还因为他们已经采用了彝族的风俗习惯。古达村刚建村时，彝汉杂居，彝汉通婚，这是其中一个原因，但后来，有部分彝族搬出了这个村落。这个村落的汉族人口比彝族要多，但汉族却被同化了，因此两个民族之间的同化并不一定依据人口的多少。这是因为弱势群体通常会去依附一个强势的群体，而在这个村落，彝族是强势族群，因此古达村的汉族在语言、风俗上也会去下意识地模仿和遵从。对于古达村的汉族人来说，他们一直以来被限制，几乎不能参与正常汉族人的生活，因此对于他们的邻村，彝族村落成了他们需要依附的群体，不仅从心理上希望得到他们的认同，同时也希望与他们有较多的接触，因为山下的汉族已经将他们视为"不正常"的人，因此他们不希望自己的邻居再排斥自己。

我们也可以看到同样的事情发生在古达村以外的彝族群体中，现在大部分人选择说汉语，学习汉族风俗，也是一种依附，彝族也希望在中国这个大家庭中被承认而不被排斥。这如古达人一样，尽管自己是汉族，但为了不被欺负，主动选择被"彝化"。

第五节　尴尬的邀请、捐助与污名

一、尴尬的邀请

古达人好客，只要政府或外面来人他们都热情地邀请客人去家里吃饭。请客这件事对古达人和外来者都是一件比较尴尬的事情，本来人家是好意，可来访者还是很为难，如果不去，担心古达人有芥蒂，怕他们难堪，但去了自己会觉得恶心吃不下。

我在古达村待了一段时间，和村里的人也熟了。有一天，村主任一大早就到学校，邀请我和学校的老师去他家吃饭。我自然觉得麻烦人家，依据彝族地区的风俗，一般会杀猪招待客人，加上酒品可能得花上千元。我觉得不太好意思打扰，想找个理由推辞。没想到村主任说了下面这番话，我只能答应了。他说："来这里的人都不敢去人户家里吃饭，是因为害怕。但我们是发自内心地邀请。"于是上完课我和村小的老师一起到了村主任家，为了表示礼貌，我们也买了酒带过去。到了村主任家，村落里的百姓已经聚在一起了，有打牌的，有围观的。看我们来了，就开始忙活着杀猪、做饭。村落里有招待客人的事情，整个村都会聚在一起，帮忙做事。女的在村主任老婆的指挥下做饭，男的在一旁杀猪。村主任陈红是汉族，但他们待客的方式是彝族式的，猪肉做成坨坨肉，还有酸菜汤，吃饭的时候也是让客人先吃，给客人敬酒。那天古达村的人很高兴，轮着给我和老师敬酒，一再说："你们到我们家来吃饭，说明你们不嫌弃我们，看得起我们。"我知道这句话里面的含义。请客吃饭，没想到主人家这么高兴。这么多年来，因为这个病，他们忍受了太多冷眼，而我们到他们家吃饭，让他们多少感觉到自己是"正常人"。

我们吃饱了，村落里的村民开始聚在一起吃饭。邻里之间的关系很融洽。一来因为大家多少都是亲戚；二来如唐老人所说的"人亲不如病亲"。正是因为如此，古达村的邻里关系特别好，无论谁家有大事小事都会互相帮忙。在这个寂寞的村落里，人们也会找一些乐子。

二、捐助与污名

早上第三节课，我领着古达村小的孩子们唱歌、跳舞。学校的孩子们很少上音乐课，自然也不会有机会跳舞。于是我在中师学的有限的音乐知识派上了用场。唱完歌，我教他们跳彝族舞。当学校里响起音乐时，村落里的百姓也都聚拢过来看个究竟。有些孩子几乎从来没跳过舞，可能是稀奇，也可能是真的爱好，他们学得很认真、很卖力。正跳着，有辆车开到了学校大门口，下来几个人，和学校的老师好像是朋友。原来是成都一家NGO机构，来给孩子们送文具和糖果。

他们一到，我们的活动只得暂停。学生们排成队，他们给孩子们发文具和糖果，一边发一边问候，鼓励孩子们认真学习，其中有一个人不停地拍照。然后，我们继续跳舞，他们也加入我们的活动，之后就匆匆离开了。听老师们说每年都有来这里做慈善的人，给孩子们送书、送文具。

其实除了到古达村，还有上百家慈善机构在凉山进行着"善行凉山"的活动。这其中救助的大部分是因毒品、艾滋病致孤的儿童和麻风病人，有不少机构在凉山建立了爱心学校和爱心班级。也正是因为这些机构的宣传，使得凉山州毒品、艾滋病的问题得到国家和政府部门的高度重视。但同时也强化了外界对这个地区"落后""贫穷""素质低"的认识。2010年的冬天，北京举办了一项名为"善行凉山"的公益活动。当天来了不少在凉山做慈善活动的机构代表，有做预防毒品、艾滋病工作的，有办学的，还有做科技扶贫的，等等，但凡涉及贫困的项目他们都在做。听着他们在台上激情飞扬、图文并茂地诉说着在凉山的善举，我似乎感觉凉山像一位"癌症晚期的病人","他"的所有器官在现代化的今天都出了问题，于是各科大夫都在为"他"号脉诊断、医治。当然，作为本地人，我被他们的义举所感动。但不知为什么，有一个人的发言，让我特别难受。他谈到在凉山做了很多年的公益，但有一天他在城市的家被一群彝族人给盗了。我不知道在这样的场合，这位做善事的人说这番话的用意何在。

"污名"一词始于对一事的厌恶，就如同人们称呼患有麻风病人的"癞子根"一样。因此真正帮助彝族群体和弱势群体的其实并非外界机构，而是彝族的"污名"和"被污名"。

现代化从开始之初似乎就将少数民族视为一种历史的延迟或静止状态，以此来体现"改革"的必要性，在自然融合的过程中，麻风村落的汉人却通过"彝化"来实现自我庇护，从而实现自身的现代化。

第五章　色达村的生态、生育与现代教育

彝 族 教 育 现 代 化 的 发 展 与 困 境

　　生态、生育、教育与人类的生存息息相关。这三者之间的关系与其运行法则在每个历史时期都会呈现差异性，而在历史上未普及学校教育的凉山社会随着现代教育的影响，其生态、生育和教育之间有着怎样的关联呢？这一章将以甘洛县一个彝族聚居的高寒山区为例来谈这一问题。

　　彝族人信仰万物有灵，其宗教文化中蕴含着生态平衡理论，尤其体现在对森林、树木的崇拜。彝谚语云"人靠衣装，山靠绿装"，彝族尔比尔吉云"森林茂密，动物好玩耍"，"深山长树有鸟鸣，草地花开蜂采蜜"。彝族人认为林密之处皆为神灵居住之所，神圣不可侵犯。然而，森林植被作为大自然生态系统的核心，近年却遭到大面积的破坏，每年冬季的森林火灾多是人为，这与彝族人传统文化中的生态平衡理论相违背。

　　从凉山经济的发展来看，自 2000 年以来，凉山农民的经济收入从传统的农业为主转变为农业与打工经济收入并重（Harrell, et al., 2013b）。然而，对于居住在高寒山区的部分农民来说，农业、畜牧业仍是家庭收入的主要来源。在此期间，高寒山区的人口生育数量仍较多，调查发现，每户家庭普遍生育 4 个孩子及以上，最多的生育 11 个孩子。从教育上来看，国家正大力发展乡村教育，普及九年义务教育，2005 年推出"两免一补"政策，2011 年推行"营养餐"等。如今，彝族适龄孩子大多入学，女童辍学现象在逐渐减少，彝族家庭送子女上学的热情提高，家长开始关注孩子的上学问题。

　　色达村是我在上一章提到的古达村的邻村，海拔高于古达村。色达村没有村小，因此色达村的部分孩子在古达村小上学。色达村海拔 2000 米，距离所属乡政府 12 千米。全村 90 户人家，467 人，男性 236 人，女性 231 人，全部为彝族；三个村民小组，分别是一组、二组和三组，三个组的户籍人口分别为：一组 22 户，二组 32 户，三组 36 户。该村人口受教育程度低，接受初中教育和初中毕业的仅 40 人。全年气温较低，6 月份早晚还需着厚外套。全村耕地面积 437 亩，人均 0.9 亩，林地 4838.6 亩，外出打工人口 70 人。该村农作物主要有玉米和大豆，除了核桃外，无其他经济林木。因地质灾害和其他原因搬迁到外地 35 户，常住人口 55 户。色达村没有村小，孩子们需步行到邻近的古达村上学。和 2012 年相比，2015 年，古达村村小的学生生源骤减，只有两个年级，共 27 名学生，老师从之前的 4 位变成了两位，代课教师的工资依然微薄，每月 1000 元。与 2012 年相比，这两位老师家里都添了孩子，其中一位老师已有 4 个孩子，另一位老师快要有第 3 个孩子了。2015 年 5 月，我再次回到古达村支教，发现来古达村村小读书的大部分是色达村的孩子。亲姊妹在一个年级上学的现象引起了我的关注，我开始对色达村的生育问题感兴趣，并将此问题与我之前遇到的烧山问题、村小教育问题联系起来，于是有了这一章有关凉山彝族地区生态、生育与现代教育的综合研究。

第一节　生态：烧山引发的生态问题

一、村民烧山的"主位解释"

对色达村所在的乡政府工作人员来说，每年冬季上山扑火已经成了工作惯例。自 1997 年以来，每年被火烧过的山有上千亩（每年烧山的地方都较集中，有些地方每年都会被重复烧）。当我问及村民为什么烧山时，乡政府工作人员普遍解释村民烧山是为了放牧。为了弄清楚烧山原因，我走遍了曾经被大火烧过的山林，同时访问了当地的村民。村民给出了以下几种解释：①烧山使得来年草势好，便于放牧；②烧掉的木材可以砍回家用作燃料；③部分烧过的山林可开荒成耕地；④烧山是为了驱赶野猪。

我们将村民提到的以上解释放在色达村的具体环境中来分析，可以发现色达村村民"烧山"现象具有一定的合理性。在现代化进程中，受打工经济和教育普及的影响，凉山很多山区的畜牧业正在萎缩。在色达村，外出打工的人群主要是有中学及以上教育经历的青年，而那些学历层次较低的青壮年一般在家务农，农业、畜牧业仍是色达村家庭经济的主要收入。色达村养羊的农户较多，大多 50～60 只不等。因此，畜牧业需要大量的草料，烧山可使来年的草长得更好。木材是该村最实惠的生活燃料，在色达村，电的用处主要是照明和看电视，电费 1 度 5 角钱，而木柴只需要花人力便可获得。因为交通不便，再加上运输会产生费用，因此，该村没有村民用煤作为生活燃料。进入 21 世纪，国家开始重视生态环境，并颁布实施了以下法律条例：《中华人民共和国森林法》（2000 年）、《退耕还林条例》（2000 年）、《四川省天然林保护条例》（1999 年），以及各省出台的《封山育林条例》。依据条例，村民被限制上山砍柴，而允许从树林中捡回被火烧过的木材。因为山高路远，当地林管站工作人员无暇顾及，不少村民仍从林中砍柴作为生活燃料。

有外地人搬迁到这里，对于这些外来户来说，开荒成了增加耕地的主要方式。当然也有本地户在这里开荒。我在田野调查期间，走遍了色达村周围的山林，发现在山林处，有很多新开垦出来的耕地。这些被开垦出来的耕地已经种上了荞麦和土豆。每年村民卖土豆、大豆等农作物可收获 1 万元左右，这些收入和卖牲畜（猪、牛、养）的收入是供养孩子上学的主要经济来源。而采用烧山的办法驱逐野猪，也是由于色达村野猪猖獗，每到庄稼丰收之际，就可见到大片庄稼地被野猪毁坏的情景。

二、烧山引发的冲突

色达村的大片森林被毁，引发了当地的地质灾害。我走过的一处民居，因 2010 年 7 月的暴雨引发的泥石流，导致一个六口之家 3 人死亡。最近几年因水土流失等自然灾害而搬迁的村民有 17 户，同时森林植被的破坏也导致地下水资源逐渐减少，我在田野调查期间看到当地政府为解决村民的饮水问题，正准备修建蓄水池。

村民都认识到烧山对森林植被的破坏，即使这样，每年还照样烧山。色达村和邻村古达村在历史上就因土地问题发生过争斗，因此烧山也引发了两村的矛盾。从地势来看，色达村在古达村之上。对古达村来讲，由了色达村森林植被的毁坏，直接影响到古达村的饮水问题。早在几年前，古达村饮水困难，当时古达村村小的老师和学生一到冬季就要步行很远挑水，后来在别人的帮助下，重修水渠才得以暂时解决村落的饮水问题。但每年一到冬季，饮水仍是困扰百姓的一大问题。古达村人指责烧山的是色达村的村民，而当我问及色达村的村民时，尽管他们知道谁在烧山，但没有人道出姓名，因为大家知道烧山是要坐牢的，这事不能随便讲。

政府为了控制百姓烧山已经想了很多办法，在早些年还通知各个村落的村主任开会，请毕摩念咒语，通过"打牛"等仪式阻止百姓烧山，这样的方式在当年起到了一定的作用，但之后要求不能"打牛"（认为这是一种奢侈浪费之风），于是烧山之事又重起。一旦大火烧起，乡政府工作人员就会组织村民，分组上山扑火。这是一项艰巨的任务，因为烧山处大多路途遥远，且灌木丛生，有时即使走到那里也因火势太猛，没办法扑灭，也只能让大火自行熄灭。

三、学生的生态知识

对色达村的学生来说，他们对于生态知识的获得主要来自家庭和生活教育，其次是电视媒体和课堂教学。在田野调查期间，我作为村小支教老师，在给孩子们教授的一节语文课中讲到生态方面的知识。这是一篇人教版二年级的课文——《恐龙的灭绝》，在课堂中，我从恐龙的灭绝引申到周围村落的生态问题，并想借助教育的"反哺"行为，让学生回家后将这些知识告知父母，劝解大人不要烧山。但我的这一念头在一位学生的质疑后彻底打消。"老师，不砍树，我们用什么做饭？"

在林中取材是这个村世代的生活行为，为什么在现代化的今天此种行为就会招致生态破坏呢？在历史上有没有过彝族因烧山、砍柴而导致的生态破坏事件呢？如果居住在高山上的百姓不用木材作为生活燃料，那他们作为高山彝族的身份认同是否转为其他因素构成，或者说现代化浪潮开始逐渐改变高山彝族身份认同的构成因素？

第二节　生育：超生问题

一、初育年龄

我统计了色达村 79 位妇女的初育年龄结构，如表 5-1。

表 5-1　色达村妇女初育年龄分布

年龄	总体	
	人数（人）	百分比（%）
17～20 岁	8	10
21～23 岁	18	22.8
24～26 岁	31	39.2
27～29 岁	11	13.9
30～32 岁	8	10.1
33～36 岁	3	4

表 5-1 的统计结果显示，色达村妇女初育年龄集中在 24～26 岁。传统认识认为彝族女性多在十八九岁生育孩子，而色达村的数据显示，彝族高寒山区的初育年龄在推迟。

可以这么说，色达村女性初育年龄受到现代打工潮的影响。随着全球资本的运作，外出打工的女性越来越多，那些上完小学或初中（或未毕业）的女孩子也大多结伴到外地打工，她们在外地生活，增长了见识，自然也受到城里女性生活样态的影响，使得她们在择偶方式、初婚年龄、生育意愿等方面受到影响。相关研究表明，随着城市化进程的加快，农村向城镇流动促使农村流动妇女的初婚年龄推迟，而初婚年龄的推迟也在一定程度上直接导致了农村流动人口初育年龄的增高。（靳小怡，等，2005；郑真真，2001；伍海霞，等，2006）。

二、生育数量

以血缘关系为纽带的凉山彝族社会，人口的增值（增殖）有着特别重要的意义。这和彝族经常发生的冤家械斗有关，人口的增值是"家支"战斗力增强和"家支"得以存在的重要保证。因此，彝族人普遍认为多子多福，妇女婚后能生育多少便生育多少，直至不能生育为止，不用计划生育。20世纪70年代，中国实施计划生育政策以来，在凉山执行困难，很多彝族百姓不愿意接受，多子现象虽有所控制，但超生现象仍然很普遍（马林英，1992）。

近年来，随着我国人口自然增长率的下降，国家的生育控制政策有所放松。色达村自2000年来，迎来了生育高峰，全村90户，有19户超生。在为什么超生的问题上，我在调查中获得以下几种解释。

（一）人多家族旺

在20世纪50年代初期，国家提出了"鼓励生育"的口号。而在实施人口计划生育的今天，居住在高寒山区的彝族超生问题尤其严重，这与彝族的传统文化有关。彝族有谚语："鱼活靠河水，蜂活靠山岩，猴活靠树林，人活靠'家支'。"彝族"家支"人口的多少，影响着该"家支"在当地的社会地位。

（二）有了儿子还想再要个女儿

尽管彝族有父子连名及重男轻女的生育观，但也有嫁女得聘金的婚姻习俗。凉山彝族嫁女的聘金高达几十万元，具体因女孩子的学历、家族地位、职业等因素呈现差异性。在色达村，2015 年的聘礼在 5 万～8 万元。当地百姓有一种说法，认为彝族社会目前高额的聘礼与官员、有钱人阶层有间接关联，他们解释道，"官二代或富二代如果看上哪家漂亮女孩，为了显示家族势力，自然就会将聘礼提高，这使得农村也逐渐效仿"。彝族农村娶个媳妇就得准备高额的聘礼，因此生育女孩在如今彝族农村尤为重要。

从色达村超生的 19 户家庭来看，其生育子女的顺序为表 5-2 所示的几种排列方式。

表 5-2　色达村 19 户超生家庭生育子女性别顺序

1. F-F-F-F-M	11. F-F-F-F-M
2. F-M-F-M-M	12. F-F-M-F
3. M-M-M-M-F	13. F-M-M-F
4. F-M-M-F	14. M-M-M-F-M-M-M
5. M-F-M-M-F	15. M-M-F-M-M-F
6. M-M-F-M-M	16. F-M-M-F-F
7. F-M-M-M-F	17. F-M-F-F
8. M-F-F-F-F	18. F-F-F-F-M
9. F-M-F-F	19. F-F-F-F-F
10. M-M-M-F-M	

注：F 指女孩，M 指男孩

因为胎儿性别鉴定属于违法行为，以及村民无社会资源对胎儿进行性别鉴定，所以生男生女是随机的，并无一定规律可循。但从表 5-2 所示的排列方式可以看到村民对性别的期待，例如，在生育 5 个孩子的家庭中，如果前 3 个是女儿，村民必定会超生一个男孩。这说明彝族社会中重男轻女的生育观念依然严重，然而养育女儿也非常重要，从表 5-2 所示的数据中可以看出，即使生育了 4 个男孩的家庭，也超生了一个女儿。

（三）从众效应

从众效应也体现在色达村的生育问题上，在关于为什么超生的访谈中，村民谈道，"因为看到别人超生，自己也想超生"。在色达村的三个组中：一组共有 22 户，有 3 户超生；二组 32 户，3 户超生；三组 36 户，有 13 户超生。色达村这三个组每组之间间隔 5 公里左右。三组的超生现象尤其明显，三组有 13 户家庭超生，生育 4 个孩子的有 7 户，生育 5 个孩子的有 4 户，生育 6 个孩子的有 2 户。三组普遍超生的现象在一定程度上受从众效应的影响，这种影响还体现在村小教师身上，村小教师谈道，自己超生也受到周围环境的影响。此外，在超生问题的调查中，我还了解到，有个别父母因孩子都去上学了，家中无人陪伴，所以又超生一个孩子。

三、生育间隔

色达村 19 户超生家庭，共生育 92 个孩子。我统计了 19 户家庭生育间隔在 4 岁和 4 岁以内的 55 个孩子的情况，如表 5-3 所示。

表 5-3　色达村 19 户超生家庭生育间隔

生育间隔（年）	总体	
	间隔数（个）	百分比（%）
1.0~1.5	10	18
1.6~2.0	14	25
2.1~2.5	12	22
2.6~3.0	6	11
3.1~3.5	11	20
3.6~4.0	2	4

从表 5-3 的数据可看出，色达村 19 户超生家庭生育间隔在 3 岁和 3 岁以内的比例占了 76%。孩子生育间隔短，会出现下面谈到的"早入学"的现象。

第三节 现代教育：乡村教育问题

一、村民的教育选择

色达村的邻村是古达村，古达村是历史上遗留下的麻风村，在当地人看来是禁闭之地。2007 年之前麻风村没有任何正式的现代教育，因此，麻风村有几代人被排斥在现代学校之外，色达村也从未接受过麻风村的孩子入学。2007 年，色达村村小因唯一的教师退休而停办。于是在孩子上学的问题上，有了不同选择，经济稍好一些的家庭选择搬迁到山脚附近，或在镇上租房方便孩子上学，这笔开销远远大于义务教育免除的费用。义务教育本来是福利，却因义务教育的非均衡发展，导致百姓教育支出的增加。而经济条件差的家庭则选择在麻风村村小上学。从很多年前对古达村的避嫌，到现在主动送孩子到古达村上学，可见百姓对教育的渴求克服了彝族人对麻风的恐惧。

二、村小的招生压力

城镇学校，尤其是甘洛县的"城关小学"可谓人满为患，为了得到优质的教育资源，除了那些将孩子送到外地读书的家庭外，每个家庭都想办法把自己的孩子送到这所学校。每到一年级新生报名的时候，那场景比彝族年甘洛的集市还要热闹。而与此对比，村小则冷清多了。随着现代教育的撤点并校，村小要招够开班的学生，非常困难，且色达村所在的乡中心校有一条不成文的规定，一年级新生人数不够 10 人，就不开办一年级，因此村小新生采用隔年招生的办法。

2000 年我在托觉村教书，到了暑假放假之前，我们有一项必须完成的工作就是招一年级的新生。学生家长不会主动前来，我们都走村串户，看着村头巷尾那些适龄的儿童，就叫住，然后寻着到人家里找大人。实在不行就挨个儿一家家招生。那会儿学生还得交几十元的学费，因此一说到报名，各家都因为没钱而迟迟不让孩子来上学，我们一到农户家里招生，有部分家长总是躲着。招生对我们来说有压力，因为要交学费，家长都不情愿让孩子来上学。我们给百姓们说读书的好处，实在不行就拿国家的教育政策吓唬他们，最后没办法，就只能向"上面"申请减免贫困家庭的学费，但那个时候哪一户不是贫困家庭，因此只能老师自己买村民的鸡、鸡蛋等让家长换取学费。

2015 年，我和村小的老师们在古达村招生，一般情况下，要来读书的都会自己带话到学校，问什么时候开始报名。但我们还是要去村落里招生，原因是来问话的家长很少，就这么两三个，离 10 个学生还差很远，所以我们还得走村串户，看看有没有漏掉的孩子。我们每到一家，第一件事就是看户口本，看看家里是不是有适龄的孩子，家长都很配合，甚至有几户家长恳请我们接受未适龄的孩子。在两天的招生中，我们走访了色达村三个组，共招生 8 个孩子，其中有两个孩子不在适龄阶段，这离乡中心校规定的 10 个孩子的要求存在差距。和十多年前的村小教育相比，村小的招生尽管都存在着压力，但情形却不同，以前是因为百姓的经济压力，而现在则是因为中国基础教育的非均衡发展及城镇化进程导致的压力。

三、早入学

亲姊妹同年上学的情形与村小的招生制度有间接的关系，为了保证在新学年招到 10 个以上的学生，一般不会年年招生，而且随着村民的搬迁，还有部分学生选择到其他地方上学，隔年能招到 10 个以上的学生已经稍显艰难。色达村姊妹之间年龄间隔短，如不和哥哥姐姐同一年入学，就会导致晚入学。

亲姊妹在同一个班级上学在当地村民看来实属正常，一是可以防止自己的孩子晚入学而成为大龄儿童；二是，兄弟姐妹同时上学，可以成为上学途中的伙伴，在学校里也能相互照应。

但"早入学"也引发了一些问题。2015 年，我观察到这个仅有 27 位学生的村小就有四对亲姊妹。这四对亲姊妹，哥哥、姐姐的成绩远比同一个班级的弟弟、妹妹的成绩好很多。二年级有一对姐弟，姐姐通常能通顺朗读语文课本里的课文，而弟弟则大部分生字词都不认识，在写字方面也有困难，弟弟并无智力问题，且很机灵，但在手的灵活性还未发育成熟时，就和姐姐一同上学使得弟弟在学业成绩上远逊色于姐姐。

实质上，"晚入学"是凉山彝族地区现代教育开始之初乃至 20 世纪 90 年代末普遍的教育现象。凉山彝族地区现代教育的进入不仅晚于内地汉族，同时在孩子的入学年龄上也晚于内地汉族。在 2005 年普九工作开展以前，有不少农村家庭的孩子因经济贫困、家中劳动力缺乏、上学路途远等原因而晚入学，有不少农村孩子长到八九岁甚至十四五岁才读一年级。早些年，也有不少女孩子小学毕业就嫁人了，年龄大的孩子读到初中毕业的很少，因此这些晚入学的孩子比其他孩子更早地退出现代教育的场域。同时，晚入学也是学生辍学的原因之一，那些晚入学的孩子因为个子比班里其他孩子高出一头，会成为同学耻笑的对象。可见，现代教育要求的是一种同质、整齐划一的受教育群体，那些不具有同质性的群体就将被列为"意外"。随着时代的变迁，当上学成为如同吃饭、睡觉一般的生活必需时，色达村出现了"早入学"现象，这不仅反映了村民接受教育的便利性，也从侧面反映了人们对受教育的渴望和迫切心理。然而无论是凉山现代教育在开始之初出现的"晚入学"，还是现代教育全面普及后的"早入学"，其导致的结果没有多大差异，仍然是低学业成就和高辍学率。

可见现代教育并未对出现的差异性作好防范准备，也未找到合适的补救机制。现代教育导致那些具有民族差异、年龄差异、条件差异的学生的低学业成就，使得他们在未来社会中成为社会的底层，为形成社会的金字塔结构奠定了"基石"。

第四节　生态、生育与现代教育的关系

一、生育、生态变迁对现代教育的影响

（一）生育数量对教育的影响

陶行知早在 20 世纪 30 年代就人口与教育的问题进行了分析，他认为："人口的变化，会带来受教育机会乃至农民自身地位向两个截然不同的方向演变。其一，向上发展：30 亩地的自耕农中 7 人时，食不饱；6 人时，衣不暖；5 人时无力受教育；4 人时，可受初等教育；3 人时，可受中等教育。其二，向下演变：30 亩地的自耕农如果只生两个孩子，他是小康，孩子们也能受初等教育；如果生了 3 个孩子，大家一起变成文盲，不知道科学是什么，连小学也不能进；如果生 4 个孩子，大家只好穿旧衣，冬天难免受冻，下雨屋漏正好洗'雨'浴，害病不能看医生；如果生 5 个孩子，大家一起进'饿牢'。"（陶行知，1931）

色达村也存在着类似情况，超生造成家庭负担加重，父母对孩子的教育期望值低，很多家庭不能负担孩子上高中的费用，于是很多孩子上到初中或初中未毕业就外出打工。

（二）生育间隔对教育的影响

孩子年龄间隔短将来可能会造成象色达村孩子那样较短的受教育年限。无法供养高中费用的家庭，一般不会选择送子女上高中，尤其是不让女孩子上高中。这除了归咎于传统的重男轻女的思想，也可归咎于生育间隔短。因为生育间隔短需要父母进行更密集的教育投资，在家庭收入有限和父母平滑教育支出能力有限的情况下，都会在边际上增加适龄子女辍学的概率（章元，等，2009）。

其次孩子年龄间隔短，加之村小隔年招生，出现了孩子"早入学"的现象。我在村小支教期间调查发现，"早入学"孩子的学业成就要低于自己哥哥或姐姐的学业成就，因此彝族学生学业成就低是多因素综合的结果，除了语言、家庭文化、办学条件等因素，孩子入学年龄、家庭的教育期待也在一定程度上影响着少数民族学生的学业成就，而这与家庭生育孩子数、孩子的年龄间隔有间接的关联。

（三）生态恶化对现代教育的影响

生态恶化对现代教育的影响主要体现在：一是灾害导致村民搬迁，使得村小办学存在着压力，村小的教育陷入困境，撤点并校政策的实施，生态恶化起了一定的推手作用；二是村民搬迁、移民，导致城镇学校办学压力增大。有不少民族地区的县城学校，一个班有 80～90 名学生，老师需用扩音器来组织教学，而乡村小学的人数则在逐年递减，因此生态恶化间接导致了教育的不均衡发展。

二、现代教育对生育、生态的影响

初育年龄大小受到自然因素和社会因素的影响。本书仅从现代教育的普及来谈彝族高寒山区女性的初育年龄。色达村女性初育年龄的推迟与现代教育的普及有着间接的关联。中华人民共和国成立前的凉山，彝族女性大多不进学堂受教育，一般百姓家的女子也从未受过学校教育，加之凉山社会的订婚习俗，女孩子长到十六七岁嫁人，初婚年龄早，自然初育年龄也早。民主改革后，教育的逐渐普及，尤其是近些年来国家对女童教育的逐渐重视，使得女性受教育年限在不断地延长，这自然就推迟了彝族女性的初婚、初育年龄。同时已有的研究也表明，随着受教育程度的提高，平均初育年龄普遍提高（胡旭彬，2007）。

三、从生态、生育与现代教育的运行法则进行乡村治理

从色达村生态、生育与现代教育的关系来看，凉山高寒山区的生态、生育与现代教育之间的制约关系是彝族人在现代化进程中对不同需求选择的结果，这些选择大多具有合理性，是从彝族村民自身的需要出发的。高山彝族山区的超生、生态破坏和教育水平低等问题具有相互制约的关系。因此，我们在谈到彝族地区的乡村治理问题时，需要从结构互动的关系视角来理清社会发展各因素之间的关系，进行综合治理，只有这样才能找到解决当前彝族乡村社会问题的对策。

第六章 彝族教育的现代性结果

彝 族 教 育 现 代 化 的 发 展 与 困 境

第一节　"教育浪费"

　　现代教育将掌握基本的读、写、算能力规定为每位孩子的权利，可一旦这种权利变成了一种负担，就会出现"混"和"难熬"的教育状况，目前这种状况已经成为大部分山区少数民族学生对抗现代教育的一种策略。21世纪初，尤其自 2005 年国家实施"两基攻坚"以来，凉山大部分学生已无需沿袭祖父辈的生活方式，小学毕业后去做一个全职的农民和牧民，而是继续升入中学。现代教育时间的不断延长也意味着彝族学生在其中要经历比以往更长的学习时间，而国家对少数民族教育经费的不断投入，造就和生成了人们对少数民族现阶段"教育浪费"的消极评价。

　　分析教育浪费这种评价在社会上生成的现实原因，是解决少数民族现代教育症结的突破口。事实是大多数彝族孩子并没有在学校获得轻松的学习经历，学校的学习对于他们来说并不比在家务农、放牧或外出打工更轻松、简单。长期关注彝族教育发展的美国人类学者 Harrell 就"教育浪费"谈到下面的内容：

　　"每个小学，除了重点学校，比如'民小'，镇上的中心校还有村里的小学，每个班有50%的学生不懂老师讲的内容，考二三十分，甚至考 0 分的学生都有，依据普九，考 0 分的学生还是读到了初中，但这是在浪费，学不到什么。现在班上这样的学生越来越多，因此现在的问题是怎样把他们的成绩提高到一个标准。这个标准是：他继续学习是有价值的。如果让他们继续坐在那里，这并不是教育，而是让他们变成了呆子。小孩坐在那里有什么价值？他浪费自己的时间，浪费老师的时间，浪费当地政府的资源，但我不是说那些学生应该被排除在外，而是应该想办法将这些学生提高到一个标准。"（访谈 Harrell）

如果说现阶段少数民族学生上学成了一种浪费，那么，为什么在学生听不懂的情况下，我们的教育继续这么做着，让学生每天都乖乖地背着书包，并要求他们规矩地坐在教室听老师"唧唧喳喳"地讲着一些他们听不明白、也搞不清楚的"知识"。在这一活动中，教师和学生的时空性是明确的，学生需要在"对"的时间出现在"对"的地点，而教师在这个"对"的时间和"对"的地点"看着"这些孩子，让他们的行为在这段时间表现得规矩。现代学校的特征是"学校中的一切都必须是可以看见的，每个人必须置于被观察的范围之内，再细小的事情也要有规范。严肃的纪律是现代学校的主要特征，在这里不存在不受规范约束的地方，不存在不受规范约束的行为"。（鲍曼，2000）[95] 就这样，学生们日复一日地学，教师们年复一年地教。可结果是，这些年来，至少在"普九"以来，学生们的学业成就并没有大的起色，平均成绩一直是二三十分，除了教师们抱怨学生越来越贪玩，越来越不好教，家长抱怨教师不负责任外，没有人对这种教育是否合理提出质疑。

学业成就低不只是彝族地区学生的普遍现象，在中国的部分少数民族地区普遍存在着学业成就低的现象，有研究调查指出，云南某少数民族中学秋季学期七年级期末成绩中，思想品德课、语文、数学、英语、历史、地理、生物等 7 门学科及格率分别为 3.3%、4.6%、8.7%、17.5%、38%、0、0（陶格斯，2010）。现代教育解决了"有书读"的问题，但并没有就"读好书"这个关键的问题提出一个解决方案。"读好书"并没有成为现代教育对少数民族的现代性诉求，所以才导致目前不少家庭对孩子的期许是"不去吸毒、不去偷抢"。

学生在修建一新的现代大楼里接受知识，寄宿制学校管吃管住，还依据现代的"营养"标准，给学生一天一袋牛奶、一个面包。不断增加的教

育机会与不断改善的生活和学习条件与学生常年不变的低学业成就形成了
巨大的反差，而这二者之间的反差形成了人们对少数民族"教育浪费"的
评价。

对于那些想要提早出去打工的学生，家长和教师常会重复这句话，
"你再坚持几年，坚持把初中念完"。一边是学生想要外出打工却不得已坐
在教室，坚持完成国家赋予他们的"权利"；一边是国家不断地给这些孩
子好处，"吸引"他们坐在教室里。"出逃"与"被拽住"的现象可能更好
地形容了当下彝族现代教育的拉扯和冲突状态。

第二节　双语教育的落寞

汉语言障碍是导致少数民族学生低学业成就的主要原因之一，我国
也一直将双语教育作为解决民族教育问题的主要模式。在全球化过程
中，这种理论上行得通的教育模式遭遇了困境，现代教育在一定程度上
加速了双语教育的衰退。凉山彝族的双语教育曾在 20 世纪 90 年代辉煌
一时，并取得了丰硕成果，但如今在全球化、国家现代化的耦合下，双
语教育陷入了发展的困境。

一、从辉煌到衰落

凉山彝区双语教育的历史可谓悠久，但成系统、规模的双语教育应该
从凉山"两类模式"双语教育体系的建立开始。凉山两类模式双语教育从
20 世纪 70 年代末开始，80 年代初成形。

20 世纪 90 年代，凉山彝区的双语教育工作取得了明显成效，1990
年，凉山州第一批"一类模式"751 名小学生毕业后，州、县根据实际及

时在 10 个县办起了民族中学或在县完中办起了初中班。1993 年，凉山州首届"二类模式"初中 401 名毕业生，升入中等专业学校和中等师范学校 86 名，对口升入新办的"一类模式"高中 178 名，升学率为 65.84%。1996 年首届"一类模式"高中 130 名毕业生参加高考，升入本科院校 20 名，升入专科学校 18 名，升入中等专业学校和中等师范学校 47 名，升学率达 65.4%。两种模式的中小学已达到了一定规模，初步实现了从小学到大学的通车（潘正云，等，1997）。到 1998 年底，彝区双语教学的中小学达 950 所，在校生 79 227 人，占彝族中小学在校生总数的 34.9%。其中"一类模式"小学 134 所，中学 10 所，在校生分别为 7335 人和 1193 人，占相应阶段彝族在校生总数的 3.28% 和 0.54%（沈从军，2005）。

为了培养双语师资，曾经的西昌师范学校还出现了被凉山教育部门称为"熊猫班"（双语班）的班级。被叫做"熊猫班""是因为双语班培养出来的老师适应凉山教育的环境，从双语班出来的老师到哪里都是抢手货"（访谈阿和石沙）。20 世纪 80 年代，在凉山开始开设"双语班"，全凉山州每年招 50 名彝族学生，从高分到低分录取，招考主要依据学生的彝文成绩。"当时的课程除了小学彝语文教材教法之类的课程，还有彝语文基础知识，因为一个班招收上来，学生基础不同，所以基础课拉了一遍。没有彝文的教育学和心理学，比其他班少理化，只上数学，也没有英语。"（访谈阿和石沙）中师毕业后，这批学生到彝族地区任教，懂彝语，教学得心应手，用双语教学，学生也学得快。

20 世纪 90 年代的双语教育成效显著，"一类模式"不仅让不懂族际语言的彝族人顺利进入学校教育体系，还使得他们通过这个体系摆脱了农民身份，成了"国家干部"。在一段时期内，彝区出现了"一类模式"学校和"一类模式"班级生源火爆的现象，这也体现了彝人在教育选择上的合理性。此外，"二类模式"则让少数民族学生在一种文化适宜的语言环境中学习，既提高了教育质量，又传承了民族文化。然而随着全球市场经济的到来，教育体制随之改革，中专包分配制度逐步取消，就业竞争加剧，"一类模式"生竞争劣势开始凸显，加上社会上相关专业岗位有限，"一类模式"学生就业困难。有学者分析这是因为"一类模式"生汉语水平普遍不高所造成的，在相关研究中也有提到，"大学教师对一类学生汉语水平的反映更多表现为一种不满或者不解……即使是彝文系的彝族教师，在评价'一类模式'学生汉语水平问题时也难免流露出失望心情……'一类模式教育'一旦离开了赖以存在的环境，偏离了最初提出来的'根据语言环境需要而设'这一初衷，其存在的合理性问题也必然要受到质疑"（丁月牙，2004）。

　　而对于"二类模式"来讲，其处境更糟糕。早在 20 世纪 90 年代就有相关研究指出，"凉山某些'二类模式'学校忽视彝语文教学，彝语文课教学走形式，彝语文教学质量和学生考试成绩偏低，学校校园文化缺少本民族文化特色等现象"，因此，对"凉山二类模式双语教育学校存在一些消极的评价，如'二类模式是假的'"（滕星，2001）[215]。

　　2016 年 10 月 10—23 日，我和 Harrell、四川师范大学的研究生冯爽、王焕对凉山州两类模式双语教育进行了调查。我们通过问卷、访谈、听课的方式，对盐源县民族中学、盐源县民族小学、盐源县百乌镇九年一贯制学校、昭觉县地莫乡二五基点小学、昭觉民族中学、昭觉民族小学、雷波县民族中学、美姑县民族中学、美姑县城关小学、美姑县牛牛坝镇初级中学、凉山州民族中学、西昌市民族中学、甘洛县吉米镇九年一贯制学校、甘洛县民族寄宿制学校、甘洛县民族小学共 15 所学校进行了调研。从调查统计的结果来看，两类模式学校开设情况并不理想，从开设面来看，经过了 30 多年的发展，"一类模式"学校在逐渐萎缩。1995 年全州有"一类模式"小学 217 所，初中 8 所，高中 2 所， 2006 年的全州"一类模式"小学减少到 51 所，初中 7 所。到了 2014 年全州"一类模式"小学减少到 17 所，初中 3 所。

　　学生掌握的彝语文情况不理想。从表 6-1，我们可以看出"一类模式"彝文字的普及率明显好于"二类模式"，同时也暴露出了"二类模式"彝文教学效果较差。

表 6-1　两类模式学生彝文识字情况

双语教育模式	你认识彝文字吗？							
	认识较多		基本都认识		认识很少		完全不认识	
	个数	百分数	个数	百分数	个数	百分数	个数	百分数
一类模式	180	31.1%	158	27.3%	232	40.1%	9	1.5%
二类模式	202	8.1%	129	5.2%	1435	57.9%	714	28.8%

从师资情况的调查来看，情况也不容乐观。20 世纪 80 年代，在普及"两类模式"双语教育之初，凉山的基础教育普遍存在师资不足的情况，在这样的条件下，凉山州通过短期集中培训的方式基本解决了"两类模式"的师资问题。然而在目前大学不断扩招，师资力量不断壮大的情况下，为何双语师资成了问题？从调研组调查的 15 所学校来看，无论是"一类模式"学校还是"二类模式"学校，确实存在师资不足的问题，但各校的情况不太一样。相较于"一类模式"学校，"二类模式"学校缺师资的现象较为严重，从 2016 年我们调查的情况来看，凉山州"一类模式"学校除了彝语文课用彝语授课外，其余各科都用汉语授课，学校原本的师资能满足彝语文师资的要求，因此"一类模式"学校缺的是数理化的师资。从调查的"二类模式"学校来看，也有部分学校缺彝文师资，但也有一些学校师资不足是因将彝文师资作为其他学科的任课教师而导致的。

其次，彝语师资没有较畅通的招录渠道，尽管每年有不少从西昌学院、西南民族大学毕业的彝文专业的学生，但这些学生一部分进入其他行业工作，有少量继续考研，其余的也有不少想进入教师行业，但因现有的教师考聘机制没有为彝文师资的招录制定合理的配套机制，形成了优秀的彝文师资进不来的现象。

再者，从 2016 年访谈来看，有不少基层教师谈道，从西南民族大学、西昌学院毕业的彝文专业的学生彝文水平较差，无法胜任彝文教学。

　　除了师资数量不足外，在师资的培养建设上也存在一些问题。所调查的 300 名教师中，仅有 46 人自参加工作以来参与过有关双语教育方面的培训，且这 46 人大多只参加过 1～2 次的培训。而从双语教育的培训效果来看，56.8%的教师认为培训对自己的教学有帮助，29.7%的教师认为有点帮助，还有 6.8%的人认为帮助很大。有 37.8%的教师和 35.1%的教师认为双语教育培训的内容、方式实用和比较实用。但不可否认，培训效果虽好，但因培训次数不足也会影响到双语师资队伍的建设。

　　凉山地区的双语教育从辉煌到现在的举步维艰，实质是少数民族文化与全球现代性遭遇的结果，以下作进一步的分析。

二、双语师资

　　如果从双语教育自身来看，双语师资是双语教育内在发展的巨大瓶颈。双语师资的状况究竟如何？以下将结合 2015 年我在甘洛县的调查，大致谈谈目前彝族地区双语教育的师资状况。在这之前，有必要简要回顾一下甘洛县的双语教育发展历史。

（一）甘洛县的双语教育历史

　　依据目前的资料，甘洛县的双语教育在历史上始于何时没有具体的记载，有据可查的现代学校教育中最早开授彝文课的人是甘洛的土司岭承恩。他在 20 世纪初开办的学校里开设过彝文课。后来，岭光电在"私立斯补边民小学"（1937 年）也开设过彝文课程。

　　较普遍的彝语文课程的开设，是从新彝文的教学开始。20 世纪 50 年代初，当时的中央为贯彻落实民族平等政策，保障各民族在语言文字上享有平等的权利和自由，同时也为满足少数民族的实际需求，提出"帮助尚无文字的民族创立文字，帮助文字不完备的民族逐渐充实其文字"。经过调查，陈士林等语言专家于 1951 年用拉丁字母设计了《西康彝族新文字实验方案》，1957 年 10 月，中央民族事务委员会批准试行了《凉山彝族拼音文字方案》。而早在 1956 年，四川省教育厅组织讨论通过了《凉山彝族拼音文字方案》，该方案规定："彝族学龄儿童入学以 8～12 岁为宜，入学以后一个月左右的时间学习字母、字形、拼音、声韵母和声调符号。"为了搞好彝汉语的过渡，甘洛县普昌区中心校开设预备班，招收 6～8 岁的儿童入学。因语言障碍，学生先入预备班学习，以拼音文字为工具进行彝汉语教学，以扫除语言障碍，为一年级以汉语为主的各科教学打下基础。

1956 年甘洛的古族、阿尔、宣地等彝族聚居区的初小一、二年级实行同时用彝语、汉语的双语教学。1959 年以后，小学使用汉语统编教材，彝族儿童大量入学，绝大多数儿童不懂汉语，教师大多为从内地调来的汉族，不会彝语。为解决这一矛盾，县文教局号召教师学习彝语，为了提高教学效果，教师在教学实践中以字义为中心，加强实物、图文等形象直观教学，重视正音和字形的比较，掌握偏旁部首和独体字，做到音、形、义兼顾。在语言训练中，重视彝语、汉语对照，教学时重视彝汉双语语法的对应规律，加强对话、朗读等口语训练。

由于《凉山彝族拼音文字方案》受到极左思想的影响和干扰、实验教学时间持续太长、多次修改等因素，影响了群众的积极性（木乃热哈，等，2013），最主要的是新创制的拼音文字缺乏群众基础，受到群众抵触，新彝文使用陷入困境。最终，在 1960 年 5 月 14 日，凉山州第四届人民委员会第五次会议上，作出正式撤销凉山彝族拼音文字方案的决定。随后新彝文教学退出凉山现代学校教育的历史舞台。

在"文化大革命"期间，"四人帮"鼓吹"十年消灭民族""十五年消灭翻译"，彝文被当做"四旧"来破除，使用彝文者被当做"牛鬼蛇神"来横扫。在学校里，教材、教法、教学文字、教学用语等全部照搬汉区的（吴明先，1998）。1974 年，顶住"四人帮"的干预、破坏，组织了彝族文字工作组，对老彝文进行了大规模的调查、研究，规范整理工作。1975

年元月，四川省民委在昭觉县召开了"彝族文字工作座谈会"，组建彝文工作组，启动了规范（老）彝文的相关工作（秦和平，2014）。1978 年，彝文课使用规范彝文课本，课本内容是用彝文翻译的现行小学语文课本。但由于长期以来甘洛缺乏彝语文专业教师，开设彝语文的学校只有几所，有时因教材跟不上而时上时停。

1980 年，国务院批准了凉山州《彝文规范方案》。规范彝文促进了彝语文在现代学校教育中的普及。甘洛县双语教学在具体实施过程中，根据各区域的民族构成及学段呈现差异性：

1）在彝族聚居区，双语教学均从一年级开始。每年保证 34 周的教学时间，二年级每周 26 课时，三、四年级每周 27 课时，五、六年级每周 25 课时。

2）在彝汉杂居地区，彝语文从小学三年级开设，每周 4 课时。第三学年学彝文课本第一册，第四学年学彝文课本 5～6 册。要求小学毕业生的彝文水平，即听、谈、读、写应达到彝文小学初小程度。

3）初中每周 3 课时，初中毕业生的彝文水平应达到能写简单的记叙文和应用文；能读懂少年儿童彝文版报刊；能用彝语汉语对译。中学彝语文教学内容，以中专考试范围为准，即 1986 年考 1～6 册，以 30 分记入总分。以后每年增加一册，增加 5%记入总分。到 1990 年考 1～12 册，以 50%记入总分，而汉语成绩也以 50%记入总分。[①]

1984 年 1 月，四川省教育厅召开了彝文教学工作会议，遵循"从实际出发，讲求实效"的原则，在中小学和部分民族小学推行各科用彝语教学，同时开设汉语文课，各科用汉语文教学的同时开设彝语文，两种体制的双语教学。甘洛的石海乡中心校、柳姑乡中心校开设"一类模式"。1985 年四川省委、省政府《关于加强民族教学工作的决定》中明确规定："搞好民族语文教学是贯彻党的民族政策的一项重要内容，是民

---

① 资料来源：《甘洛县志》。

族教育工作一个特点，彝族地区各科用彝语文教学，开设汉语文课和各科用汉语文教学，同时开设彝语文课，两种体制并举。"甘洛县根据其具体情况，文教局决定，在彝族聚居的普昌、吉米、斯觉、苏雄、玉田五个区及田坝的胜利乡、海棠区的五村乡中心校和部分村小，全面开设彝文课，继续在石海乡、色打乡试办全日制彝文小学，并有计划有步骤地在全县中小学全面开设彝语文课。并明确规定：彝族小学为主的三类寄宿制民族学校（班），必须积极创造条件开设彝语文课。凡是彝族学生占该班学生人数 50%以上的，原则上都应把彝语文作为一门课认真教好、学好。

此外，1984 年甘洛县的吉米区中心校、格古乡中心校、阿呷乡中心校，以及斯觉区的尼尔乡中心校，使用彝语文进行各科教学，同时开设汉语文课的一类体制教学。其他学校则实行用汉语文进行各科教学，同时开设彝语文课的第二体制教学。

1988 年甘洛县民族小学招收重点寄宿制民族班，招收区乡学校三年级结业，家住农村、父母均为农民的彝族孩子。重点寄宿制民族班从四年级开设彝文课，实行"二类模式"的双语教育。甘洛县民族中学作为以招收少数民族学生为主的学校，在 1990 年后开始实行两类体制的双语教育，实行各科教学以彝语文为主兼学汉语文的一类体制教学，和各科以汉语文教学为主兼学彝语文的二类体制教育，从 20 世纪 80 年代到 90 年代末，甘洛的双语教育取得了较好的成绩，有不少来自甘洛黑彝地区的彝族学生通过一类模式考入中专学校。

1998 年甘洛县民族中学的"一类模式"班级取消，吉米的"一类模式"虽仍在开设，但效果并不理想。2005 年普及九年义务教育以来，有不少学校因师资缺乏，彝文课的开设受到冲击。如，甘洛县普昌小学学生人数增加，教师缺乏，彝文教师充任语文、数学教师，同一年，彝文课程停止开设。

（二）甘洛县双语师资状况

根据凉山州双语教育的实施状况，双语师资分三类：第一类是"一类模式"师资，是指通晓彝语文，并掌握相关专业领域的师资；第二类是指熟练掌握彝语文，在"二类模式"学校并进行彝语文教学的师资；第三类是在"二类模式"学校和班级中，在课堂中能运用彝汉双语（口语）授课的师资。从 2015 年的调查来看，三类双语师资都存在数量不足、质量未达标的要求。为掌握双语师资的现状，我采用问卷调查和访谈的方法对凉山州甘洛县的双语师资进行了调查。

我向甘洛县的胜利乡民族小学、民族寄宿制学校、民族小学、里克乡中心校、吉米镇九年制中学、普昌中心校 6 所学校共发放问卷 173 份，剔除一份无效问卷，共回收 172 份有效问卷。

1. 学校基本情况

被调查的 6 所学校，共有学生 6417 人，其中彝族学生 5841 人，占学生总数的 91%。教师 270 人，少数民族教师 109 人，占到教师总数的 40%，其中彝族教师 106 人。"二类模式"学校有 5 所，其中吉米九年制中学同时开设了一类和二类模式。具体情况见表 6-2 所示。

表 6-2　甘洛县胜利乡民族小学等 6 所学校双语教育统计表

学校名称	教师（人）	代课教师（人）	少数民族教师（人）	彝族教师（人）	学生（人）	彝族学生（人）	双语模式	彝文课开设情况	彝文课停止开设年份
胜利乡民族小学	19	0	1	1	369	273	二类模式	未开设	
民族寄宿制小学	58	1	16	16	1300	1000	二类模式	未开设	
民族小学	45	4	13	12	1200	1020	二类模式	停止开设	2014
里克乡中心校	23	7	14	13	506	506	二类模式	停止开设	2008
吉米九年制中学	57	4	36	36	1222	1222	一类、二类模式	开设	
普昌中心校	68	8	29	28	1820	1820	二类模式	停止开设	2005

同时，该研究还了解到甘洛县以下几所学校的语、数及彝文成绩，见表 6-3。

表 6-3　甘洛县斯觉区九年制学校等 4 所学校学生学年成绩① （单位：分）

学校	语文平均分	数学平均分	彝文
斯觉区九年制学校	35.83	40.38	28.70
阿兹觉中心校	47.48	40.35	42.92
里克乡中心校	56.74	38.94	41.44
普昌中心校	41.04	41.57	37.65

从表 6-3 的数据来看，作为学生母语的彝文平均成绩也未及格。甚至在有些学校彝语文成绩要远远低于语、数学科。

2. 教师的语言使用情况

为了解教师的语言使用情况，我从教师的彝语水平、交流语言、上课用语和双语使用学段的情况进行了调查，调查情况见表 6-4、表 6-5、表 6-6、表 6-7。

表 6-4　"您的彝语水平？"统计结果

彝语水平	教师数（人）	百分比（%）
能听、说、读、写	21	12
能听、说、读但不会写	26	15
能听、说、但不会读、写	28	16
能听、但不会说、读、写	11	6
会说一点口语、听懂简单的句子	18	10
完全不会	68	40

表 6-5　"在学校与彝族学生交流，您讲哪一种语言？"统计结果

语言	百分比（%）
彝语	2
彝汉双语	31
汉语	67

表 6-6　"您上课用哪一种语言教学？"统计结果

语言	百分比（%）
彝语	1
彝汉双语	17
汉语	82

---

① 资料来源：《凉山州 2014 年民族寄宿制小学学年统测成绩》（内部资料），凉山州教育局，凉山州教育科学研究所。

表 6-7　"您在哪个学段使用双语教学？"（会彝汉双语的教师填写）统计结果

学段	百分比（%）
低段	47
中段	5
高段	2
全学段都有	11
全学段都没有	35

（1）教师的双语教学能力

为了解教师的双语教学能力，我调查了教师的彝文学习经历、双语能力，以及彝语文的教学能力，调查结果见表6-8、表6-9。

表 6-8　"您在上学期间学过彝文吗？"统计结果

百分比（%）	
学过	没学过
55	45

表 6-8 统计结果显示，被调查的 172 名教师中，学过彝文的教师占55%，没学过彝文的教师占 45%。

表 6-9　"您能否用双语进行教学？"统计结果

百分比（%）	
能	不能
34	64

在有关"你们学校目前担任彝文教学的老师有多少？"和有关"你们学校目前能胜任彝文教学的老师有多少？"的调查中，具体结果见表6-10。

表 6-10　胜利乡民族小学等 6 所学校教师彝文教学能力调查表　（单位：人）

学校名称	担任彝文教学	能胜任彝文教学
胜利乡民族小学	0	1

续表

学校名称	担任彝文教学	能胜任彝文教学
民族寄宿制小学	2	2
民族小学	2	2
里克乡中心校	0	1
吉米九年制中学	9	0
普昌中心校	0	5
合计	13	11

从表6-10统计结果来看，6所学校中无论是担任彝文教学，还是能胜任彝文教学的教师都较少。在访谈中，教师们谈到师资不够是导致彝文停止开设的主要原因，这里的师资不足，不仅是针对彝文师资，语数两科科任教师也相对不足。

（2）双语教育培训调查

表6-11、表6-12是有关双语教育培训情况的相关调查。

表6-11　"您从教以来参加过双语教育培训吗？"统计结果

双语教育培训	总体	
	人数（人）	百分比（%）
参加过	24	14
没参加过	148	86

表6-12　胜利乡民族小学等6所学校15位教师双语教育培训调查表

培训教师人数	培训次数（次）	教师数（人）
15人	1	10
	2	2
	3	2
	10	1

除了以上的有关问卷调查数据外，我还访谈了甘洛县从事彝文教学的老师。从事多年彝文教学的罗芳老师谈道：

"我教了20多年的彝文，对彝文的感情很深。彝文教学改变了我的一生，如果没有彝文教学，我也不可能当老师，来到民族小学教书。我或许在农村劳动，也可能在乡镇上班。我第一个工作的地方是乡下，因为彝文我调动到县城学校工作。从去年（2013 年）学校就在说寄宿制不再招生，今年彝语文没有再开设了。现在我不教彝文了，心里还是有遗憾。第一册到十二册的彝语教材，我一直都保存着，包括这些年来的教案和学生们的作业我都保存着。尽管现在我不教彝文了，但在我的教学中，一有时间，我还是喜欢教学生们学彝文。比如最近过彝族年，我就放彝语歌给学生们听，我想办法让他们学彝文，我觉得他们彝文口语好，能认识一些彝文字就更好了。我选的图片、彝文歌曲他们都喜欢，下课后他们也喜欢唱。"

三、双语教育模式

当然，我们在分析双语教育失败原因的同时也不能忽略凉山地区双语教育"两类模式"在设计上存在的问题。依据麦凯恩与西格恩（1989）提出的双语教育目标之一的"对两种语言同种程度和平衡的掌握"来看，凉山"一类模式"的学生实质只掌握了第一语言，而对第二语言汉语，其读写水平并没能达到熟练的程度。如今，真正从"一类模式"走出来的彝族人士也认为他们当初接受的双语教育在设计上存在缺陷，"一类模式"的双语教育未能让他们掌握好汉语，因此影响了进一步的升迁。而对于"二类模式"学生来说，"二类模式"双语教育只是做到了汉语言的学习，彝语文的学习对于他们来说只能算是副业，没有真正掌握彝语文。

其次，双语教育政策、模式和方案，在面对全球化局势时未进行与时俱进的调整。我国社会主义市场经济体制的不断完善和招生录取政策及就业制度改革的不断深入，使得在计划经济体制下制定并行之有效的双语教育政策、模式和方案早已不适应社会发展的需要，然而，一直以来双语教育在课程、教材、师资等问题上一直未能进行改革，导致课程、教材内容老套，这直接影响了民族地区双语教学的顺利实施。

四、全球现代化的普遍主义与同化

双语教育的发展困境除了自身的问题外，主要的原因在于外部环境的变化。以下将结合全球化发展所带来的影响来谈双语教育发展的困境。

（一）全球现代性与积极"同化"

首先，全球化与现代化的耦合带来了少数民族语言文化的弱势地位与少数族群的"积极同化"。中国的现代化，结果必然是与全球化的全面接轨，而全球现代性的特征之一是普遍主义与同化，这其中国家的现代化起到了普遍化力量的作用。

其次，全球现代性带来的语言霸权和进入标准也导致彝族社会的"积极被同化"。对彝人群体来说，他们并没有生活在封闭的环境中，为了生存，他们需要到一个充斥着全球现代性标准的场域中去接受现代教育，到全球化运行状态下的岗位中获取生存资本。接受现代教育是彝人群体的必然选择，因为全球现代性对人的首要要求是能够使用通用的、大众化的语言。因此，会汉语成了彝族人进入主流社会的第一道门槛。普通话的标准程度成了判断是否成为现代人的标准之一，在现代社会，作为一个彝族人，当别人提醒你的普通话带着"彝腔"，背后的意思则在暗示你还没很好地"被现代化"，这与走出国门后，有人提醒你的英语带有"中国腔"所蕴含的道理是一样的（你还没被很好地全球化）。在此背景下，人们拼命甩掉"彝族腔"和"中国腔"的努力，进一步推动了全球现代性的纵深发展。"积极被同化"的过程，也体现了彝人群体矛盾性的一面：一方面怕自己的文化消失；一方面害怕不被全球化而导致落后。但目前看来，后一种担忧超过了前者，因为只有被认同，才能有继续存在的基础，谁都怕被作为异己而遭到排斥。现阶段，大量农村的彝族学生辍学外出打工，除了挣钱外，更多的是外出看这个新奇的世界，希望自己能被接纳。那些从农村走出去的学生在还没掌握好当地汉语的情况下，就已经会一口比较流利的普通话，回到村落里，能讲普通话成了一种炫耀的资本。

（二）"民汉兼通"为何成了"汉外兼通"

中华人民共和国成立后，中国一贯奉行的是"民汉兼通"的少数民族语言政策，在学校教学领域实施与"民汉兼通"政策相关的教育目标——培养"民汉兼通"的少数民族人才。半个多世纪的实践证明，中国"民汉兼通"的民族语言政策和与之相应的民汉双语教育目标，切实反映了各少数民族和国家的最大利益和愿望（滕星，2001）。双语教育的目标是让少数民族学生融入主流社会并传承自己的民族文化，这样的设计目标为少数民族如何应对现代化提出了一个理想方案。然而我们不能忘了，现代化只是少数民族遭遇外部冲击的第一步，目前少数民族遭遇的全球现代性冲击更大。随着全球经济的发展，语言层级开始出现，英语和其他的外语位居上层，汉语次之，彝语在最底层。在当地百姓中，有一个普遍的观点，认为彝语、汉语和英语的学习是迎合社会发展前提下的选择。依据这一观点，认为彝语主要在地方上能发挥作用，竞争呈劣势，汉语在政治提升和经济领域具有重要作用，而英语可以在全世界范围内通用。因此，对于进入现代教育系统更高层级的彝人群体来说，为了让自己更具竞争优势，学习英语成了他们的首要任务。因此，我们可以认为传统的"民汉兼通"已经不足以在社会立足，而是"民汉外"三者兼通，甚至大多数人选择了"汉外兼通"，居住在城市或县城的彝人后代已经从幼儿园就开始积极学习英语，而付出的代价是对自己语言文字的放弃。

（三）全球化下彝族人对双语教育的认识

目前，少数民族面对全球现代性有两种担忧：首先，在全球化的时期，中国有无必要进一步发展少数民族语文及少数民族语言和汉语为主的双语教育。就个体而言，在学校期间花许多时间学习民族语言、文字是否会影响个体族际语言水平的提高，从而影响少数民族成员更好更快地融入现代社会并在现代社会获得更大发展。其次，随着全球化的发展，少数民族语言文化是否会消失？针对这两种担忧，在凉山地区对双语教育主要存在着两种观点：一种主张积极推行双语教育，认为双语教育是传承彝族传统文化、发展彝族教育的重要方式；另一种持反对态度，认为双语教育不利于彝族在现代社会中生存和发展。"前者的声音主要来自当地彝族的精英人士，包括一些官员和学者，后者多来自外界关注彝族教育发展的学者"（丁月牙，2004）和部分彝族百姓。具体分析，族群精英有更多机会与外界交流，在融合与冲突过程中意识到保留自身文化，强调特殊性对自己的重要性，并思考民族的未来发展。同时，"作为族群精英，他们在族群中的地位和影响力在一定程度上会影响到这个族群对待现代化的态度，是抵抗、排斥还是接受"（关凯，2002）。对于彝族普通百姓来讲，从内心和感情上，他们也了解传承和保留自己文化的重要性。但现实的结果是，彝族地区没有太多就业的机会，人们更多的不是在自己的家乡打工，而是远走他乡，因此在这个问题上，普通百姓的理性选择大于情感因素。而那些想要通过教育这条途径获得成功的彝族学生和家长更能认识到在激烈的竞争中，彝语文学习对他们来说只能是心有余而力不足，因为外语的学习更有利于他们的成功。于是在目前的彝族地区甚至出现了家长不愿让彝族教师教刚入学的孩子的现象，家长们担心彝族老师的"彝语腔"会影响孩子普通话的标准程度，也有彝族人提出彝族地区不应该采用双语教育，而应该采用"一竿子插到底的办法"，即从一年级就开始用汉语教学。

（四）打工经济与现代教育的双重耦合加剧了双语教育的失败

目前的凉山农村彝族和大部分居住在县城的彝族仍旧使用着自己的语言，大概有超过两百万的彝族在和亲人朋友交谈，赶集时使用彝语。然而，在世界逐渐融入全球资本主义体系的背景下，中国成为了"为全球生产，提供大量廉价劳动力和自然资源的'世界工厂'"（潘毅，2010）[4]。

少数民族外出打工是国家现代化与全球化接轨的必然结果，加之现代教育和现代传媒的普及，使得"诺苏语言的使用范围正在逐渐缩小，诺苏语言使用的三个场合（日常生活、宗教仪式和现代社会），只有日常生活用语使用范围没有缩小"（Harrell，et al.，2013b）。

打工经济与教育的耦合进一步加剧了彝族文化的消失。这首先表现在打工带来的彝语使用范围的缩小，打工经济让年轻的彝族人从传统单一语言转变成双语人，汉语已经成了他们的主要交际用语，而彝语只有回到家乡才会被使用到。其次，打工经济迫使彝文教学逐渐退出历史舞台。上学—打工，已经成为市场经济之后凉山农村青年的基本走向，学会汉语成为在外工作、生存的基本技能。

打工经济与现代教育使得彝族年轻人进入主流社会，而彝族文化无人继承。在融入主流文化的过程中，彝族文化在逐渐消解，目前的彝族文化只能通过博物馆、学者论文和节目表演的形式展现，这已经与百姓的日常生活渐行渐远。彝族打工者在外接触主流文化，长期受现代物质文明的冲刷，逐渐抛弃了自己民族的文化价值，而这种价值的丧失，对于整个民族文化而言，无疑是致命的。

第三节　民族学校的发展困境

在凉山的每个县城几乎都有一所小学叫"民小"，还有一所小学叫"城小"；有一所中学叫"民中"，还有以这个县命名的中学，比如"甘洛中学""盐源中学""会理中学"等。从这两类学校称呼上可见，其中一类学校重点在培养少数民族学生，学生群体以少数民族为主。在甘洛也有这么两所学校，被冠名为"民小"与"城小"，实质在人们心中已经将这两所学校排了等级。甘洛的"民小"因生源主要是附近农村的孩子，且大部分是彝族，又被人们称为"农民学校"。下面我们通过甘洛"民小""民中"与相应的"城小""甘洛中学"的比较，来分析现代教育如何形塑了民族学校的发展困境，从而又进一步形塑了民族教育落后的状况。

一、民族小学——"农民学校"

甘洛民族小学位于甘洛县城边缘，甘洛河岸。由于地理位置较偏，且临河不安全，因此很多家长并不愿意送孩子到这里来上学。而甘洛城关小学简称"城小"位居县城中心地段，毗邻甘洛最高学府甘洛中学，在"城小"毕业的学生大多升入了甘洛中学。其次，最主要的是当地人都认为城小里有最优质的师资，全县稍微有"本事"的老师都想办法调到这所学校教书。因此这个学校的生源火爆，一个班级 80~90 名学生挤在一间偌小的教室，老师需带上扩音器上课。

我在访谈民族小学罗老师时，她说："我所在的'民族小学'办学有起落。20 世纪 90 年代我们办学质量很好，有很多学生愿意来读，现在很多汉族学生往'城小'转学，我们这所学校大部分是进城务工家庭、乡下来的孩子，一年级来的学生汉语不好。寄宿制的生源，原来是考试进来的，报名的人很多。现在是推荐来的，生源不如以往，现在寄宿制转到'三小'。老师很尽职，这些学生毕竟是从乡下来的，老师们需要花很大的精力。我们学校生源不好，不是老师没努力，完全是学生，来的地方不一样。县城的孩子，在家里家长可以辅导。我们这里的学生开家长会都是用彝语，家长没法辅导学生。前段时间我们开了家长会，同样的内容，我先讲一遍，后来蒋主任来了用彝族话讲了一遍，我怕他们没听明白，我又用彝语重复了一遍蒋主任讲的内容。和我搭班的语文老师是乐山来支教的，她一句彝族话都不懂，没办法开家长会。我们学校的学生基本上是爷爷奶奶带的，家长亲自带的很少，因此学习完全依靠我们老师。论教学质量，我们学校没有其他学校好。"

　　"民小"的发展困境并不是从建校就如此，其发展结果是现代教育变迁过程的产物。民族小学原名"城关第二小学"，建于 1987 年，1989 年更名为"甘洛县民族小学"。1989 年，民族小学开办重点寄宿制"民族班"。择优招收区乡小学三年级结业的农村少数民族学生入学，对一些学生实行重点寄宿制待遇，配备专门的生活管理员。"民族班"实行二类模式双语教学，毕业学生直接升入民族中学重点寄宿制民族班。"民族班"的学生，国家每人每月发给 18 元的生活补助。学校里除了有 3 个"民族班"外，与之平行的是"普通班"，"普通班"的学生以汉族居多。当时的"民族班"是学校平行年级中成绩最好的班级，在一段时期家长们都想方设法把自己的孩子送到民族班上学，甚至学校里的汉族老师也想办法打破民族班只招收少数民族学生的规定，将自己的孩子送到"民族班"。但自 2005 年普九以后，考试入"民族班"的政策被取消，而采用推选的方式，学生生源质量没法保障，整个学校的质量大幅度下滑。

　　在这个学校担任了十多年的校长谈道："'民小'招收寄宿制学生从 1989 年到现在没有断过。采用推荐方式是从一费制后。现在'民小'的学生生源不好，原来的寄宿制学校招的是全县成绩较好的少数民族学生，现在是乡下推荐来的，学生参差不齐，'普九'以来硬件上有了改善，而学生素质差。学校办得最好的几年是 1990—2004 年，2005 年'普九'后就不行了，现在学生不能降级。住校生翻围墙跑出去到网吧上网，不好管理。"

　　这位校长很无奈地说："现在嘛，少数民族的教育'安全第一'，质量嘛，稳中求进。"

　　因此，我们可以看到"民小"的校长在想方设法将学校"稳住"的同时，与之相比较的城关小学形势却一片大好。这里生源多，且大部分学生是县城职工家庭的孩子，对于那些不在招生范围内的学生家长千方百计通过托人情、拉关系的办法，把自己的孩子"塞进"这所学校。尤其在新学年，学校一年级新生报名的现场，蔚为壮观，人群中，人们摩肩接踵，挤破脑袋给孩子报名。"城小"的班级规模少则 70 人，多则 90～100 人，教室里摆放着密密麻麻的桌椅，幸好有扩音器，否则无法想象课堂教学如何组织。"城小"除了受老百姓的高度青睐外，也被政府重视，每年的六一儿童节，县委书记会亲临现场，发言致辞，鼓励祖国的花朵"好好学习，天天向上"①。

二、民族中学

"民小"毕业的学生大部分升入了相应的甘洛民族中学，校址在入城口，临近火车站。其前身是"新市坝小学的代帽初中班"，1981 年经甘洛县政府正式命名为"甘洛民族中学"。与民族小学相似，这里的学生大部分来源于区乡，2012 年，学校有 1100 多名学生，少数民族学生占到了三分之二，教师 73 人。2011 年初三毕业人数 268 人，考上高中的有 80 人，上普通高中的有三分之一，上职高的有三分之一，还有三分之一的学生选择了外出打工。

20 世纪 80 年代民族中学附设高中，90 年代中期高中部被撤，并入了甘洛中学的高中部。现如今学校的领导们都希望学校能有一个高中部，并多次向上级反映，但至今都没有成立，因此很多人都提到"重视教育也是嘴上的话"。

在就业分配制度改革之前，这是一所很好的学校，学生们通过选拔才能进入，学生学习努力，因为"有奔头"，考上中师中专就可以成为"国家干部"。有数据可以证明："民族中学，1987—1990 年，全校初中毕业生 372 人，考入中等专业学校的 110 人，考入高中的 121 人。1990 年高中毕业学生 34 人，考入高等专业学校 5 人，考入中等专业学校 2 人。"②

---

① 县领导致辞内容。我在田野中旁观了"城小"的整个六一儿童节活动。
② 资料来源：《甘洛县志》。

这所学校的老师谈道："说句实在话，在以往这个体制没变之前，学生读了有个奔头，读了有工作，学习有动力，学习积极性高，以前的学生在路灯下看书，你赶他走，让他回寝室休息，他哭，现在反过来了，你让他读书，他哭。这是最明显的区别。"

在这所学校读过书的人提到："90 年代大家读书都特别勤奋，早上三分之二的学生 6 点或更早 5 点就起床了，然后到学校老师家门口的路灯下背书，经常吵得老师家属抱怨学生们太吵了。晚自习时，学生们为了多学习，会在值周老师走后，偷偷溜进教室继续自习到深夜。当时的很多学生都是这么熬过来的，稍微勤奋的都出来了，成了国家干部。"

现在这所学校的学生除了不爱学习外，还出了名的爱打架，学校附近有个叫党校的地方，以往学生经常在这里打群架，现在学生直接就在校门口打架。我几次从这所学校大门经过，都会看见一群学生围在一起，有打的，有劝的。

我们可以看到，在谈到少数民族教育时，很多老师都会提到因为教育体制的改革，学生上学没有了动力，而"普九"导致生源参差不齐，教育质量整体下滑。对于"普九"，这所学校的老师谈道："九年义务教育政策是好的，为了提高少数民族的文化素质，有长远的考虑。但问题是现在的学校门槛太低，什么人都可以进来，意味着不付出努力、闭着眼睛就可以进来，进来的学生参差不齐，老师没法教。"

还有老师谈道："现在的五率、六率，什么入学率、巩固率、合格率、升学率……很多'普九'的数据，昏死人了，坦率地讲'普九'很多数据调查是歪（假）的，编办编的，学校必须按照一定标准，编'假'的表格，这些材料变相地给老师增加了负担，教师的主要任务应该是教学，结果弄得大家分心，烦得很。上面文件下来，就得编，味道都整变了。"

在追究教育质量的问题上，中小学老师之间存在严重分歧，中学老师认为小学基础没打好，所以跟不上课程，小学老师认为中学老师管理不善导致学生成绩不好。在访谈中，有一位中学老师谈道："这么多年，我对教育深刻的感受是：小学、包括中学都存在弄虚作假的现象。我们收的学生都是乡下来的。前几年，小学毕业考试成绩大都在八九十分，到初中却只能得几分，于是社会怪（责备）我们初中老师没教好。后来初中教师去监考小学毕业考试，原形毕露，得几分的大有人在，可以看出之前的成绩严重失真。这样也带来了一些问题，小学老师对中学老师有意见，说打压小学老师的积极性。我们记得一个老师讲，考试时，把卷子发完后，有个学生坐着不动，监考老师问，'你们怎么不写了？'学生说，'老师你还没有把答案写在黑板上。'"

甘洛中学的生源胜过民族中学，大多是"城小"毕业的，同时他们还通过组建"宏志班"来吸纳乡下成绩好的学生。尽管民中也在用开办"实验班"的方式来抢优质生源，但根本没法和甘洛中学竞争。

从以上县城两类学校的对比中，我们看到重在培养少数民族学生的学校在教育现代化过程中逐渐沦为县城较差的学校，民族小学、民族中学在生源、学校师资与教育质量攸关的这两方面都逊色于城小和甘洛中学，而形成这种结果的历史节点与现代教育有着最直接的联系，它在保证每位孩子能上学的前提下，进一步促成了教育的等级差异，这种等级差异与城乡、民族因素交织在一起共同形塑了民族学校的发展困境。

第四节　民族职业学校的尴尬

在经济欠发达地区，职业教育的发展形势不容乐观，而民族与职业教育的叠加，进一步导致职业学校的尴尬。甘洛的职业教育起步于 20 世纪 80 年代，1988 年，当时政府借用县委党校的教室及其相关配套设施开课，开设有农经、农技，2 个专业 2 个班；1989 年起租借原 56042 部队营房作为校舍，挂牌为"甘洛县民族职业高级中学"，增设蚕桑、畜牧、林业 3 个专业；1990 年增加了财会专业；从 1991 年起，由于受到办学条件、市场冲击等因素的影响，学生的就业问题没有得到妥善解决而导致生源严重匮乏；1993 年最后一个班毕业后，已无学生就读，停办了职业高中班。学校从 1988 年开办到 1993 年停办，5 年间共开设了 6 个专业，毕业了 3 届 320 名学生。[①]

从 1994 年开始，甘洛县民族职业高级中学改为初中教育。1996 年经凉山州教育局批准，将"甘洛县民族职业高级中学"更名为"甘洛县初级职业中学"。职业中学办学十多年，由于校址问题没有得到解决，经费投入少，学校场地狭小，加之受到军产的限制，办学条件始终得不到有效的改善，办学规模无法扩大，学校挂的是职教牌子，行的是普教路子。2005 年 9 月，按照上级相关部门指示，职业中学招收了一个职高班（计算机专业），学生 29 人。2006 年，职业中学有在校初中生 172 人、高中生 12 人。[①]

2000 年以来，随着市场经济的发展，国家开始重视职业教育，政府部门也开始关注少数民族地区的职业教育。原四川省委书记刘奇葆视察凉山后提出重要指示，从 2011 年起，所有初中毕业生必须进入以职业教育为重点的高中阶段学习。在此环境下，在政府和沿海大集团的合作下，2011 年，在甘洛的城南落成了甘洛迄今最大的学校"甘洛县职业技术学校"，沿海大集团捐助了 1500 万元、政府出资 2035 万元，修建了占地面积 49 亩，可容纳 1500 名学生的现代化、欧洲庭院风格的学校。学校有现代化的教学综合楼、教师宿舍楼、学生宿舍楼、浴室、食堂、标准环形塑胶跑道、4 个标准篮球场。目前学校有 1227 人[②]，教师 85 人。学校学费全免，一年只需交纳 820 元，包括书本费 400 元、住宿费 200 元、杂费 200 元、保险 80 元。凡是入读的学生，前两年均可享受每人

---

① 资料来源：《甘洛新县志》。
② 这个数据并非属实，据该校老师说学校并没有这么多学生，每学期流失、退学的学生不少。

每年 3500 元的国家补助（其中学费 2000 元，生活补助 1500 元），同时学校为了鼓励品学兼优及特困生，还设了宏志奖学金，每年 800 元；励志奖学金，每年 500 元；百分之二十奖学金等。

学校开设了酒店服务与管理、服装设计与工艺、电子技术应用、烹饪等中专班，同时与"凉山民师校"联合办了学前教育中专班，与西昌学院联办了中专起点学前教育大专班。与乐山计算机学校联办了机械加工与数控技术、汽车应用与维修、计算机等中专班。

一、招生

在学生们都急着外出打工的年代，到底是哪些学生初中或小学毕业后想着继续念书？他们是怎么到这所学校上学的？这所学校的招生简章上对招生对象的要求是这么规定的："思想品德好，求知欲望强，具有吃苦耐劳精神的应、往届初、高中毕业生。"从学校招生对象的要求上看，只有"初、高中毕业生"这条是可量化的，按理招生要求这么宽松，招生应该不成问题，可结果招生是学校的一大难题，学校每年都在为达到计划内的指标而发愁。根据每年本县的初中毕业生人数，每年学校必须招满 600 名左右学生。这是一项"工程"，因此县政府、乡政府、各中学都参与职中的招生工作中。

政府在这个过程中宣传、动员村民送孩子上学。在村落乡间挂着这一类的横幅"读大学改变人生，学技术走遍天下"……为了动员和督促初中毕业生上职业学校，基层政府千方百计将辖区的应届毕业生组织到职业学校。乡政府的相关文件规定："将招生任务纳入职工的年度绩效考核与绩效工资挂钩，将责任落实到人，对于认识不到位，措施不力的村干部追究责任，必要时给予停职。"而对那些未送子女进职业学校的村民，乡政府也规定了惩处办法，"如果村民拒送子女入学的，将冻结所享受的国家粮食直补、退耕还林补助、农村低保、新农合、农村养老保险、大病医疗救助、救济救灾、扶贫等相关优惠政策"①。

初中学校的校长和老师鼓励孩子们去甘洛县职业技术学校上学，好几位学生都谈到了此事。

我：你是自愿去职中的吗？

约达：不是，是学校喊我们去的。

我：学校里谁叫你去的？

约达：校长和班主任。

我：你不想去，可以不去吗？

约达：学校说，不去就不发毕业证。

我：那你的初中毕业证书是多久拿到的？

约达：我们到职业中学报到后，拿着报到单到初中去领的。

为了能招到达到计划指标的学生，受罪最多的还是职业学校的老师。自新学校建立以来，招生成了他们工作的头等大事，学校将招生指标的完成情况与教师的绩效工资挂钩。每到招生期间，职中的教职员工是最忙碌的，有去乡下做宣传动员的，有在县城街上搭台宣传的，有用扬声器广播的，也有在街上发传单的。

如此招生，究竟都招了些什么学生呢？ 这里的学生是被人们认为的"双差生"。所谓的"双差生"，学校老师给的定义是"学习和纪律都差的学生"。甘洛小学毕业继续念书的学生一般会选择两所中学，民族中学和甘洛中学，而那些进不了这两所中学的学生，就会进镇上的初中，还有剩下不到 1/3 的学生进了职业学校，进职业学校的学生中彝族学生占了一大半。这里的学生以后的出路是去沿海的工厂，百姓们认为既然最终的结果都是出去打工，为什么不趁早呢？对于那些初中毕业的学生来说，大多不想进职业中学读书。从交谈中可见少数民族地区现代职业教育的艰难。

我：你为什么不继续在职业学校学习呢？

---

① 资料来源于甘洛某乡政府《职业学校招生责任书》。

学生：不好玩。家里没钱，自己学习也不好。

我：学校老师讲的内容你能听懂吗？

学生：听不懂。

我：听不懂，你每天坐在教室干什么呢？

学生：就这么坐着，看老师上课。

我：学校里什么好玩？

学生：打篮球和散步。

我：你们学校的学生调皮吗？

学生：经常打架。

职业学校的这些孩子提到听不懂老师讲的内容，尤其是专业课。因此出现了上面学生提到的"看老师上课"。学生们用的不是"听"，而是"看"，在学生的眼中，上课其实是在看老师表演，这样一来可以消磨这痛苦的 45 分钟，其次也可以不因为睡觉或其他违纪的事情遭到老师的批评。学生们已经找到了对抗现代教育的策略。温和的方式是"看老师上课"，下课打球、散步，而激进的方式则是打架、吼（下面会提及）。学校为了防止学生上课睡觉也采取了措施，规定睡觉一次从所交的班费里扣掉 3 元，打架一次扣掉 10 元。上课对这里的大部分学生来说就是"混日子"，"坐在教室不好熬啊，好不容易熬到了初中毕业，又被迫来到这里上学"。

二、传统遭遇"现代厕所"

这所学校的校园环境极其优美，欧洲式庭院风格，现代化的塑胶跑道，除此以外，与甘洛其他学校不同的是这所学校的厕所是单人间，冲水式的。这和彝族学生在家常用的旱厕迥然不同，传统的彝族茅厕一般是在自家的羊、猪圈里，挖一个坑，搭几块木板就是一个厕所，甘洛职业技术学校的"高级厕所"，大部分彝族学生还是第一次使用。因此，如何使用厕所，成了新生进校的一门必修课，老师教十四五岁的学生如何使用厕所。然而，传统的习惯并非能在短期内被改变，再加上厕所本身的质量问题，厕所堵上或坏掉的事情经常发生。

除了上厕所外，最让学校老师不理解的事情是彝族学生喜欢吼，有老师谈到"彝族学生喜欢吼，有事没事就吼，也不知道他们在吼什么。就连外面下雨，他们也吼，下课没事就在走廊里吼"。

现代教育是塑造人类的一项工程，"这是作为一个整体的社会，尤其是它的立法者的唯一和全部的责任。教育理想意味着国家有权利、有义务塑造国民、指导国民的行为"（鲍曼，2000）[92]。这种指导否定了学生十几年已经形成的习惯，现代化将以往的这些习惯称为"不文明"，而现代教育就是要根除这些不文明和不良的行为习惯。

第七章　少数民族教育现代化新阐释

彝　族　教　育　现　代　化　的　发　展　与　困　境

第一节　现代教育不该是一个补救机制

　　现代化是一个排除"花园杂草"，对各种不被理解的多样性进行"文明化"的过程。最终，那些不符合现代规范的行为和地方文化事象都将在这个过程中逐渐消失。彝族社会的发展在国家现代化过程中践行的是一种想要"从'荒野'文化向园艺文化转变的过程……它重新评价了过去。并且，那些在新的樊篱背后延伸开去的土地，以及在自己的园地中，阻碍农人耕作并无法逾越的那些地块，都称为'荒野'"（鲍曼，2000）[67]。有一种观点认为，彝族地区的现代化就是要求"彝族睡在床上而不是地上，要求他们使用汉族的餐具而不是自己传统的木碗和木勺，要求他们穿汉服，最后，要求他们说汉语而不是自己的语言"（Heberer，1987）。

　　"实现从'荒野'到园艺文化的转变，光在一块土地上埋头苦干是不够的，更重要的，它需要一个新的角色：园丁。"（鲍曼，2000）[68]因此，现代教育成了彝族社会中的"园丁"。没有教育之地被称为"未开化"或"蛮荒"之地，而这种地带已经随着国家现代化及全球化而日趋消失。其中，官方知识成了去"荒野"的一剂良药，这并不仅仅针对少数民族，甚至也指那些被当做彝族的汉人，有研究者提出清朝时期很多儒家学者认为学习儒家学说可以为"野蛮人"提供适当的知识和行为方式，而不学儒家学说的汉人也会成为"野蛮人"。1738 年有一个学者清楚地表达了这层意思，"如果野蛮人珍惜学习的机会，他们可以获得进步从而变成汉人，如果汉人忽视学习，那汉人也可能会变成野蛮人"（Hansen，1999）。可见人的野蛮与否是以是否接受官方认可的知识为依据。这就难怪，目前大部分少数民族的学校教育是依据主体民族的语言和历史进行的，没有为少数民族文化价值的传播留有空间。

实现从"荒野"到"园艺"的过程，是一个渐进的过程，如果说 20 世纪 50—60 年代，彝族"上学习惯"的形成是"园艺文化"的起始阶段，那如今需要的就是这片花园能生长出迎合全球化所需的果实，这种过程伴随着矛盾选择。首先是在教育与打工之间做出选择：一边是经济全球化带来的利益驱动，已经使学生"坐不住"了；而另一边是学校教育使出浑身解数把学生留在学校。无论是目前的义务教育还是职业学校，都在极力发展民族教育，使得少数民族顺利融入主流社会。

另一个矛盾选择的结果则是灾难性的。因为现代化的生长带着罂粟花的诱惑，刺激着那些生活在山区的彝族。更多的自由选择开始让人蠢蠢欲动，不计后果冲破藩篱，结果是在这场从"荒野"走向"园艺"的过程中，有不少彝族人迷失了。会汉语、去沿海工厂打工，会使用电脑这些表征性的事象并不代表彝族人的真正现代化。遗憾的是，人们在选择之前已经抛弃了传统文化中约束自身的道德文化知识，这种情况在甘洛最直接的表现是，2000 年年初开始出现的"打游击"行为。现代化的高科技虽然敲开了埋藏在彝族地区的资源，打开了彝族祖先在远古时代不敢想象的财富，可是彝族却没能从中获益，于是出现了"打游击"这一群体。现代化带来的后果是尽管彝族地区有丰富的矿产及水利资源，但真正获益的主体并不是当地的老百姓，而是外来集团、财团的人，他们是彝族地区资源的最大获益者。本地彝族连最起码的在当地矿山打工的机会都不能获得，于是人们不得不赶紧想办法捞到一些属于自己的东西。而这种行为体现了彝族人在道德上的尴尬，从彝族文化来看，"偷"是一件令人羞耻的事情，彝族教育经典《玛牧特依》中就提到："人穷不要去贪财，贪财千万莫去偷，偷的钱物不抵用。贪吃千万莫偷食，偷食不会填饱肚。贪肉千万莫偷鸡，偷鸡之人嘴必馋。"在彝族历史上也有很多因为"偷"而自愧上吊的典故，但如今，当"偷"的对象成了埋藏在自己祖辈居住的土地下的事物时，"偷"被合理化。在现代化的过程中彝族失去了他们应该信守的价值观，"偷"的合理化让我们看到了所谓的"现代化"带来的民族道德的冲突。

因此，现代教育不是一架除草机，现代教育也不仅仅是一个简单的补救机制，一种事后的思考，而是从根本上将少数民族的现代一项理性时代的创造，现代教育需要从少数民族群体所面临的矛盾冲突去思考现代教育对于彝族群体的真正含义。

第二节　现代教育不该是无差别导致的差别性后果

中国少数民族的困境是"差异性困境"（Young，1998）的具体体现，处境不利的民族不得不拒绝与别人不同的本质区别以换取一定的社会机构和位置的接纳，但是他们也必须承认民族之间的差异以纠正自身的缺点。

因此，从某种程度上来讲，彝族地区的教育与内地汉区，乃至整个中国的现代教育没任何区别。无论从教育目的、教学目标、课程、教学用语等都与全国保持着高度的同一性，但就是这种无差别性带来了差别性的后果，进一步形塑了少数民族教育和少数民族落后的认同。彝族地区学生普遍的低学业成就和高辍学率在某种程度上是现代教育的同化结果造成的。

这种无差别的教育政策导致的差别性后果之一，是因本民族文化在现代教育中的缺失导致的少数民族学生的高辍学率现象，正如藏族学者巴登尼玛谈到的：

"长期以来，我们已经形成了错误的概念，认为主流民族是学校课程的主要源头。我们也误认为技术知识是主流民族社会发展的结果。这样的论断给少数民族带来了问题：一方面，少数民族孩子一旦在学校内容里找不到他们自己的文化或历史的参考框架时，就会变得自卑；另一方面如果他们找不到可以让他们感到作为自己民族成员的一分子所具有的民族自豪感的内容时，他们也会失去自信和对学校的兴趣。这是导致少数民族儿童高辍学率的原因。"（巴登尼玛，1994）[44-50]

其次，无差别性带来的另一个差别性后果，是功能主义的教育目的观导致学生的普遍低学业成就。这种功能主义的教育目的观来自于迪尔凯姆，迪尔凯姆认为："教育的主要功能是向学生灌输一定的价值观以延续一个给定的社会。"（Durkheim，1973）因此，现代教育的同一性来源于将教育作为一种延续社会结构的机构。教育被看成是学校传播给定的社会价值观以保持社会的稳定，现代国家发展民族教育的目的在于支持民族融合从而保证社会的稳定。因此，仅有的部分少数民族文化只包括了艺术创造的物质成就，或是变相地有利于汉文化的传播。少数民族文化涵盖的教育、宗教仪式、生产活动、婚丧嫁娶等丰富内容都未有机会在学校教育中露脸。一种没有受到普遍尊重的文化，其成员的尊严自然会受到威胁，而一种文化的衰落导致的是成员所面临的选择和机遇的缩小、成功的可能性降低。少数民族文化价值没有得到充分肯定，自然强化了民族文化的弱势地位并进而形成了学生的自卑和不自信，于是学生用自己早期的社会经验和不同的资源来回应现代国家的教育目标和方法，形成了对抗学校教育的策略。"打架""吼""睡觉""打篮球"等都是学生消磨学校时光的策略。

现代教育的实践基础、教育体制都表明少数民族在逐渐融入主流社会的进程中，其传统文化在逐渐流失。而这种选择是要付出代价的，就是"政府付钱让少数民族的成员学习多数人的语言文化"（金利卡，2009）。因此关键的问题不在彝族文化的层次问题，或是彝族社会的发展问题，而在于国家的教育体制问题。对彝族学生来讲，学校教育传播的是一种异文化。因此可看到，彝族的世界观和国家的市场经济体制之间没有文化联接。文化和经济的劣势地位导致彝族孩子远离学校教育。

这种同一性带来的差别性后果还体现在，尽管政府不断地向民族教育投钱，但人们似乎对教育依旧漠不关心。而当地人对教育的漠不关心没能影响教育政策，教育政策中缺乏当地人的意愿，这种缺失从 20 世纪 50 年代就开始了，从那个时期国家就在通过几十年的计划经济体制改变当地人的生活。今天，一些官员一直坚持对教育的投入，只是为了减少家长对教育无用的认识。因此，毫不奇怪地会看到百姓对公众或政府的赞助漠不关心（Shih，2002），孩子竞争力的缺乏是父母怀疑学校教育有用性的主要原因。

综上所述，我们可以说，中国的现代教育在重塑国家的一体化的过程中，需重视少数民族群体在这其中的尴尬、被动与冲突。我们寻找因无差别性带来的差别性后果的原因中，首当其冲的是要关注少数民族群体在现代化过程中面临的困境，并给予不仅仅是经济上的支持，还应该看到这种统一背后的复杂原因，认识到少数民族教育现代化并不是一座座现代高楼，抑或是一顿顿营养餐之类的简单问题，因为只关注这些问题并不能解决当下存在的实质问题。同时，我们也要从大部分学生认为的学校里好玩的事情是"打篮球"的现象，来思考为什么打篮球成了彝族学生对抗现代教育的方式。在一个如此多样性的国家，现代教育"家长式"（Chen，2008）的教育政策，自然会形成差别性或等级性的后果，这才是少数民族教育落后的根本原因所在。

第三节　突破少数民族教育现代化的困境

"听不懂老师讲的内容""最喜欢在学校打篮球""不知道毕业后干什么"，如何突破少数民族教育现代化的困境？我认为要突破少数民族教育的困境，首先，现代教育应为少数民族的认同提供正当性的依据和土壤；其次，国家对少数民族教育的真正赋权；最后，少数民族对自身文化的自觉。

一、现代教育应为少数民族认同提供正当性的依据和土壤

全球化过程是一个统一性与多样性、同质化和异质化并存的矛盾过程，罗伯森将其概括为"普遍主义的特殊化和特殊主义的普遍化"（罗伯森，2000）。目前彝族教育现代化的困境从一定程度上来说，是片面强调全球化的同质化和趋同性而导致的结果。同时，也是少数民族在这二者之间寻求平衡的矛盾冲突过程。因此，在全球化进程中我们需要在两种特性之间找到平衡，忽视民族文化的独特性会造成民族优势的磨灭；片面强调民族文化的独特性而忽视全球化的趋同性，会盲目地故步自封、闭关自守。少数民族只有在追求现代性的过程中保持自己的民族性，或者在保持民族性的基础上大胆接纳现代性，才能真正走出现代性和民族性的外在紧张。在全球化进程中，"这一历史性的矛盾将会得到共时性的解决"（杨学功，2008）。然而，要解决该问题，首要的是全球化过程中的民族认同问题。诸如一些学者提到的，在全球化时代，是什么使中国人成为中国人？成为中国人意味着什么？什么是中国文化？它的意义在哪里？我们也不妨问问在全球化时代，是什么使少数民族成为少数民族，具体结合本书中的彝族群体，我们是否可以问问在全球化时代，是什么使彝族人成为彝族人？什么是彝族文化？它的意义在哪里？只有找到这些涉及民族认同的关键问题，我们才能抓住现代教育的真正内涵。因为"民族认同不仅仅有一种抵抗优势文化挤压的心理功能，更能为民族的发展方向和生活原则提供正当性依据（张汝伦，2001）。

"认同是人类行为与动力的持久源泉，它坚定了人们对自己的看法。又从他们与他人的的关系中，派生出生命的意义。"（张汝伦，2001）现代教育应包容、尊重充满差异的民族文化，保护民族文化的多样性。

少数民族和现代化不应该是一个对立的概念（McCarty，2002），而教

育现代化也并非一个让学校与学生身份进行分离的场域。学校应该是一个能让少数民族学生身份得到尊重，并自由、自信地表达自己身份的场所，无论其出生于何种背景和文化。

因此，现代教育应为少数民族学生的民族认同提供正当性的依据和土壤，使得少数民族学生在学校教育系统内能接触并熟知自己的文化传统。这不仅能提升少数民族学生的民族认同，同时，也只有这样才能进一步提升国家认同。

二、对少数民族进行教育"赋权"

突破少数民族教育困境需要教育赋权。首先体现在少数民族课程的赋权，这并非是指表面上开发几本乡土教材就能实现。这种课程的赋权是指，在少数民族学校真正实行双语、双文化的教育，具体包括双语教育人员培养、培训，少数民族文化课程的开发，以及在课堂中的实施策略。而最主要的是出台有关少数民族文化，以及双语教育的法律法规。依据《中华人民共和国民族区域自治法》的相关规定，自觉地处理目前的课程设置内容。在如何实行双文化、双语教育的问题上一定要落到实处，从现有的研究发现，少数民族对自己的文化并不了解，这进一步说明了现代教育中需要加强民族文化内容的学习。此外，需要为少数民族学生提供适合他们的可选择的课程，打破现有课程中少数民族文化缺失的局面，使得少数民族课程贴近少数民族学生的生活和需求，在课程中找到本民族的文化事象，不仅能帮助少数民族成员树立真正的自信，还能促使他们全面参与学校教育。

其次，还需要在评价上进行赋权。标准化的评价体制是对少数民族教育赋权和民族教育自觉最沉重的打击。它不仅降低了少数民族文化的价值，同时也通过能否获得更高教育学历的威胁使得少数民族学生的前途陷入危困（McCarty，2002）。因此少数民族教育的评价制度应该基于少数民族的课程体系能否顺利实施。现代教育应该将教育的评价权力交给少数民族学校、教师和学生。改变目前教育中的机械的、不顾及差异性的标准化评价模式，出台基于民族文化、学生差异的多元化评价模式。

再次，我们要运用赋权视角，注重民族学生自我潜能的挖掘，提升少数民族学生适应环境的能力；要有效缓解或解决少数民族学生面临的困境或问题，必须增强少数民族学生适应环境的能力。课程学习障碍不代表少数民族学生缺乏学习能力，因此，在教育中采用降低考核要求或降低少数民族学生学业标准的方法，并不能真正提高少数民族学生的自信心，反而会使他们越来越失去自信和自尊。"这是因为，一个人在展示其能力方面的失败，并非因为这个人缺乏这种能力，而是为展示这种能力提供机会的社会系统的失败所造成的。当一种新能力被需要时，提供它们最理想的方法莫过于允许人们做积极的关于影响生活大事的能力的自我归属体验。因此，学校主管部门和工作者可以对民族学生运用赋权视角，促进其能力建设，并通过改革创新教育环境，最终能够合理解决他们的问题或困境。"（王金元，2011）可见，我们要看到针对差异性的办法不是要降低门槛，而是要充分给少数民族学生自信。

具体到教学中，针对少数民族学生面临的全球现代化困境，给少数民族学生真正的三语教育赋权。所谓的三语教育，是指"我国少数民族学校对学生进行的民语、汉语和外语三种语言和文字的教育"（乌力吉，2005）。三语教学务求达到良好的汉语、外语水平而不放弃少数民族语言，务求走向现代化、全球化而又保存传统文化，这不仅是对少数民族的进一步赋权，同时也能提高中国的国际竞争力。在三语教育的问题上，我们要看到在全球现代化环境下，我国少数民族双语、双文化建构是天然的人力资源宝库，为培养三语或多语能力者提供了不可多得的语言基础和经验基础。对大部分少数民族而言，自身所具有的民、汉、外三种语言能力可谓一种语言资本，这种语言资本使得他们能够自如地发挥每种语言的作用，在本族间、族际间及国际间架起沟通桥梁和交流平台。每种语言作为一种社会生产力，都可以产生社会效益。具备民、汉、外三种语言知识的少数民族学生从三种语言所产生的社会效益中获得了社会认可，能切身感受到三种语言教育的益处，这使得他们对三种语言教育的认同度越来越高。因此，少数民族的三语教育应该尽早提上日程，但我们面临着许多问题，如三语师资从何而来、如何培养？从美国印第安部落的经验来看，解决师资问题的一个渠道是加强社区和学校紧密合作。美国华盛顿州的 Makah 部落是通过部落、部落博物馆和学校三者的紧密合作来推进 Makah 语言教学的，博物馆有专门从事语言教学的老师，这些老师同时在学校进行语言文化课程的教学。因此我们可以借鉴这种模式，从社会上招录那些精通彝语的人士进学校授课，同时在一个较小区域范围内实行校际之间的彝文师资共享。其次，在这里要强调的一点是，三语师资并非一定是熟练三种语言文字的师资，可以是各学科教师的通力合作，比如彝语文、中文和英语教师可以在一些课程文化的内容上共同承担一堂课的教学。

三、提升少数民族学生的"文化自觉"意识

突破当前少数民族现代教育困境需要提升少数民族的文化自觉意识。文化自觉是人类学家费孝通于 1997 年在北京大学举办的第二次社会学人类学高级研修班上提出的。其意义就在于寻找多元文化背景下文化转型及发展的出路。他认为，"生活在一定文化中的人对其文化要有'自知之明'，明白它的来历、形成的过程，所具有的特色和它的发展的趋向"（费孝通，2004）。文化自觉是人们对自身文化生命与社会生命的自觉意识和自我觉解，体现出对于自己所处的生活关系、生存命运、生命追求的理性审视和自主选择（刘淑那，等，2007）。在美国的 Makah 部落，孩子们通过"Makah 节"、夸富宴等重要节日形成文化自觉意识，在这些场合，他们倾听长辈讲述祖先的故事，了解家族的历史，获得有关家族的道德行为准则。而活动中的音乐、舞蹈不仅是他们身份的象征，更是一种精神的寄托和心灵的归宿。少数民族教育需要有对自身文化的自觉，以使少数民族

文化在教育现代化的世界里确立自己的位置，经过自主的适应，和现代文化一起，取长补短。

要做到少数民族文化自觉，首先，少数民族要认识到自身文化的重要性。文化是人类社会生活方式在观念、制度、物质等层面所具有的内在的规定性。世界上每一个民族的文化都经过了时间的沉淀、选择而传承下来，成为民族身份的标志。在文化多样性的今天，文化的传承成为各民族在走向现代性中必须面对的重大问题。费孝通先生提出"文化自觉"，提出了我们对待民族文化的态度应该是一种自觉意识，即首先要保持文化的稳定性，使之能够不断传承下去。少数民族学生是少数民族文化得以继承、发扬光大的一支重要力量，他们的文化自觉意识如何，直接关系到民族文化的发展走向。

其次，提升少数民族学生的文化自觉需要认识到文化差异性。保持民族文化的差异性需要少数民族的"文化自觉"，每一种民族文化都具有自己内在的规定性，这是区别于其他民族的标志。文化的差异性丰富了世界文化的发展，尊重文化差异性，是各民族文化得以繁荣、和谐发展的前提，同时也是满足各民族自身需要的重要载体。因此，不同社会制度、不同意识形态都需要承认差异才能使世界变得多彩。

总之，资本全球化、国家现代化是人类发展的必然趋势，其为世界各国文化的发展创造了全新的外部环境，是趋同、回避，还是积极应对，并在新的世界秩序里找到民族文化存在的意义，这是当今各民族在全球化语境中面临的重大问题。找到民族文化中的自我，并在资本全球化、国家现代化的语境中寻找到彼此的契合点，促进本民族文化的繁荣，彰显民族文化的魅力，形成文化和谐共融的新的世界文化状态，就必须重视培养少数民族的和谐文化价值观。在国家大力发展少数民族教育的背景下，少数民族应抓住机遇，实现本民族文化与现代化的对接，为本民族生存与发展找到一条可持续发展的道路，这是当代少数民族教育应当担当的重任。

结　语

从本书对彝族教育现代化的分析中可以发现，彝族教育现代化与资本全球化、国家现代化，以及民族发展有着密切的联系。这三者之间的耦合、冲突及对抗逻辑和内在联系都能在彝族教育现代化中找到其线索和细节。

具体来说，从彝族教育现代化经历的这几个阶段：上学习惯逐渐形成（1950—1960年），教育几起几落（1960—1970年），克服汉语言文化障碍、成为"国家干部"（1980—1990年），教育选择与学生打工潮（2000年后），可以看出，彝族教育现代化的每个阶段性特征都是资本全球化、国家现代化与民族发展这三股力量的耦合、冲突，以及对抗下生成的结果。然而，彝族教育并不完全是被动接受的过程，无论是当地老师还是彝族学生群体，在其中都形成了自身的应对策略。例如，教师的居住方式、"出工不出力"的策略，学生的"吼"、辍学打工、上课睡觉等，都是当地人对抗现代教育的策略。

少数民族教育困境的突破，需要把一定程度上的消极策略转换成有利于民族自身教育发展的因素，继续形塑少数民族教育和少数民族落后的状况并不利于"中华民族多元一体"格局的建构。扭转国家教育现代化和少数民族教育反现代性之间的矛盾局面，需要我们从少数民族教育赋权、少数民族课程，以及教学上具体着手。而作为少数民族群体，则更需要积极发挥自身的主体性，唤醒民族意识，借助国家大力发展少数民族教育的大背景，积极发挥自身的优势，在民族发展、国家现代化和全球化这三者之间架起沟通桥梁和交流平台。

最后，我们需要清楚地认识到，以同化为主要特征的现代化并不仅仅是中国对待民族问题的范式，它同时也是全世界处理弱势群体、不发达国家、落后、前现代等在内的被认为不理性社会问题的范式。我接下来的研究会进一步探讨弱势群体如何应对这场历时洪流，从而获得共生共存的环境。同时，我相信随着人们对现代化与现代性的不断反思，将会为这一问题的进一步研究提供一种新的思考路径和广阔背景。

参 考 文 献

安东尼·吉登斯. 2000. 现代性的后果. 田禾, 译. 上海: 译林出版社.

安东尼·吉登斯. 2009. 超越左与右. 李惠斌, 杨雪冬, 译. 北京: 社会科学文献出版社: 5.

巴登尼玛. 1994. 藏族教育的出路. 西藏研究, (3): 44-50.

巴战龙. 2010. 学校教育·地方知识·现代性——一项家乡人类学研究. 北京: 民族出版社: 153, 311.

白杰瑞. 2011. 文化·教育与发展: 全球化视野下的中国少数民族教育. 滕星, 马效义, 等, 译. 北京: 中央民族大学出版社.

鲍曼. 2000. 立法者与阐释者: 论现代性、后现代与知识分子. 洪涛, 译. 上海: 上海人民出版社: 67, 68, 91, 92, 95, 112.

鲍曼. 2001. 全球化: 人类的后果. 郭国良, 许建华, 译. 北京: 商务印书馆: 68.

鲍曼. 2002. 现代性与大屠杀. 杨渝东, 史建华, 译. 南京: 译林出版社: 17.

鲍曼. 2003. 现代性与矛盾性. 邵迎生, 译. 北京: 商务印书馆: 169.

邓启耀. 1999. 中国巫蛊考察. 上海: 上海文艺出版总社: 2.

丁月牙. 2004. 以教师为主体寻找现象背后的"真实"——凉山彝族一类模式双语教育个案. 广西民族学院学报, (5): 38-43.

杜威. 1981. 学校与社会. //杜威教育论著选. 赵详麟, 王承绪, 译. 上海: 华东师范大学出版社: 45-46.

费孝通. 2000. 百年中国社会变迁与全球化过程中的文化自觉 ——在 21 世纪人类生存
　　与发展国际人类学学术研讨会上的讲话. 厦门大学学报（哲学社会科学版），（4）：
　　5-11.

冯增俊. 2000. 论亚太教育现代化与传统文化变革. 外国教育研究，（2）：22-25.

福柯. 2010. 不正常的人. 钱翰，译. 上海：上海人民出版社：36.

顾明远. 2010. 实现教育现代化的宏伟蓝图——学习贯彻《国家中长期教育改革和发展
　　规划纲要（2010—2020 年）》. 北京师范大学学报，（5）：5-13.

关凯. 2002. 现代化与少数民族文化的变迁. 中南民族大学学报，（11）：45-48.

胡旭彬，王玲杰. 2007. 流动人口初育年龄变化及其影响因素实证分析. 西北人口，
　　（5）：17-20.

郇建立. 2005. 论鲍曼社会理论的核心议题. 社会，2005（6）：46-61.

黄建明，黄修义，曲目铁西. 1998. 中国少数民族教育史. 昆明：云南教育出版社：
　　508，562，572.

黄修义. 1995. 论近代外国传教士对彝族教育的影响. 民族教育研究，（1）：69-75.

暨爱民. 2014. 从民族认同到国家认同：理论与路径评析. 教学与研究，（11）：68-74.

金观涛. 2010. 探索现代社会的起源. 北京：社会科学文献出版社：3.

嘉日姆几. 2008. 彝汉纠纷中的身份、认知与权威——以云南省宁蒗彝族自治县为例.
　　民族研究，（4）：40-49.

靳小怡，彭希哲，李树茁，等. 2005. 社会网络教育社会融合对农村流动妇女初婚的印
　　象——来自上海浦东的调查发现. 人口与经济，（5）：53-58.

李德洙. 2000. 当代世界民族问题的基本特点和发展趋势. 民族团结，（10）：4-9.

李鸿宾. 2002. 西部开发引生的少数民族现代化问题. 青海社会科学，（2）：36-39.

李怀宇. 2005. 少数民族学生在学校教育中的文化适应：基于教育人类学的认识. 贵州
　　民族研究，（4）：133-139.

李金发，郑秀丽. 2014. 论明末清初的凉山彝汉族群关系——以土司视角为例. 毕节学
　　院学报，（1）：31-37.

廖林燕. 2011. 论彝族政治权力的历史变迁. 云南师范大学学报，（3）：99-104.

临福英，马童玉. 1992. 解放前甘洛的集市贸易与奴隶买卖//凉山州文史委员会. 凉山
　　文史资料选辑（内部资料），第十辑：185-190.

岭光电. 1988. 忆往昔：一个彝族土司的自述. 昆明：云南人民出版社：28，30，34，
　　35，119，120.

刘邵华. 2010. 从珍品到毒品——鸦片类物质的道德经济学. Journal of Chinese Dietary
　　Culture，6（1）：44，46，51.

刘淑那，胡海波. 2007. 文化自觉：当代中国人与社会发展的价值资源. 理论前沿，
　　（2）：18-19.

罗布合机. 2000. 解放前凉山彝族战事一瞥. 西南民族学院学报，（8）：108-110.

罗吉华. 2009. 文化变迁中的文化再制与教育选择——云南勐罕镇中学傣族和尚生的个
　　案研究. 中央民族大学博士学位论文：193.

罗兰·罗伯森. 2000. 全球化——社会理论和全球文化. 梁光严，译. 上海：上海人民
　　出版社：14，16.

马克思，恩格斯. 1958. 马克思恩格斯全集. 论波兰（第 4 卷）. 北京：人民出版社
　　版：409.

马克思，恩格斯. 1972. 共产党宣言，马克思恩格斯选集（第 3 卷）. 北京：人民出版
　　社：525.

马克思，恩格斯. 1995. 马克思恩格斯全集（第 30 卷）. 2 版. 北京：人民出版社：
　　541-542.

马林英. 1992. 凉山彝族生育习俗. 民俗研究，（3）：43-46.

马林英. 2012. 从性别关怀探析凉山民族改革研究的意义与方法. 西南民族大学学报，
　　（3）：29-33.

马戎. 2010. 民国时期的少数民族精英：理解中国从"天下帝国"到"民族国家"进程
　　的钥匙，社会科学战线，（8）：162-166.

马文华. 2015. 凉山彝族自治州少数民族教育发展的现状、问题及对策//曲木铁西. 民
　　族教育：经验、困境、出路. 北京：民族出版社：178.

玛丽·道格拉斯. 2008. 洁净与危险. 黄剑波，卢忱，柳博斌，译. 北京：民族出版

社：8.

麦凯恩，西格恩.1989.双语教育概论.严正，柳秀峰，译.北京：光明日报出版社.

孟昉，黄佳豪.2009.社会排斥概念内涵及其本土化探讨.长江论坛，（5）：56-59.

木乃热哈，华青青.2013.凉山彝族拼音文字方案的学术史价值.贵州民族大学学报，
    （2）：19-26.

潘毅.2010.中国女工：新兴打工者主体的形成.任焰，译.北京：九州出版社：1，
    8，133.

潘涌.2007.历史的邂逅——全球化与中国教育现代化.教育导刊，（3）：4-8.

裴丽丽.2007.土族文化传承与变迁研究——以辛家庄和贺尔郡为例.兰州大学博士学
    位论文.

彭多意，崔江红.2007.变迁中的彝族社区：以可邑村为例.北京：民族出版社.

秦和平.2014.试论凉山新彝文创制与新老彝文使用的争论及后果.西南民族大学学
    报，（9）：31-37.

曲木铁西.2009.试论彝族社会传统教育的教育形式.贵州民族学院学报，（1）：27-32.

沈从军.2005.四川双语教育的回顾与展望.中国民族教育，（5）：15-17.

石奕龙.2004.经济趋同与表意文化的特化——中国现代化过程中少数民族发展的双重
    性.思想战线，（4）：51-54.

四川省古籍办，凉山州语委.2012.凉山彝族习惯法.成都：四川民族出版社：158.

谈松华.2003.中国教育现代化的区域发展.广州：广东教育出版社.

陶格斯.2010.云南省民族中小学生学业质量现状与对策探析.民族教育研究，（4）：
    14-17.

陶行知.1931.中国民族之出路与中国教育之出路，中华教育界，（3）：1-19.

滕星.2001.文化变迁与双语教育：凉山彝族社区教育人类学的田野工作与文本撰述.
    北京：教育科学出版社.

汪晖.2001."新自由主义"的历史根源及其批判——再论当代中国大陆的思想状况与
    现代性问题.台湾社会研究季刊，（42）.

王金元.2011.当前非民族院校民族学生教育面对的问题与挑战——以某高校藏族学生

教育为例. 黑龙江高教研究, （8）: 77-80.

王明贵, 王显. 2005. 彝族源流. 北京: 民族出版社: 136.

王希恩. 2007. 现代民族特征形成的一般途径. 世界民族, （2）: 1-12.

威尔·金利卡. 2009. 多元文化的公民身份——一种自由主义的少数群体权利理论. 马莉, 张昌耀, 译. 北京: 中央民族大学出版社.

乌力吉. 2005. 少数民族三语教育的纵横解读. 贵州民族研究, （4）: 181-183.

巫达. 2008. 社会变迁与文化认同: 凉山彝族的个案研究. 上海: 学林出版社: 141, 145, 155.

巫达. 2011. 族群互动与生存性智慧——以凉山彝族为例. 西北民族研究, （4）: 20-26.

吴康宁. 1997. 教育变迁对教育变迁的影响: 一种社会学分析. 华东师范大学学报, （2）: 72-80.

吴康宁. 1998. 教育社会学. 北京: 人民教育出版社: 171.

吴明先. 1998. 凉山彝族双语教学历程综述. 民族教育研究, （1）: 38-44.

伍海霞, 李树苗, 悦中山. 2006. 城镇外来农村流动人口的生育观念与行为分析—来自深圳调查的发现. 人口研究, （1）: 61-68.

郗戈. 2001. 从资本逻辑看现代性的内在矛盾. 教学与研究, （7）: 81-88.

杨东平. 1994. 教育现代化: 一种价值选择. 中国教育学刊, （2）: 19-21.

杨福泉. 1998. 论我国现代化进程中的少数民族文化保护. 思想战线, （5）: 32-37.

杨明洪. 1997. 论清代凉山彝区的土司制度与改土归流. 民族研究, （2）: 89-96.

杨学功. 2008. 拒斥还是辩护: 全球化中的普遍主义和特殊主义. 江海学刊, （2）: 34-40.

杨兆云, 单江秀. 2007. 论彝族毕摩的角色. 云南民族大学学报, （5）: 113-116.

易谋远. 2007. 彝族史要. 北京: 社会科学文献出版社: 5

张汝伦. 2001. 经济全球化与文化认同. 哲学研究, （2）: 17-24.

张现洲. 1985. 英国传教士马建忠在凉山彝族地区传教的经过//云南省编辑组, 云南民族民俗和宗教调查. 昆明: 云南出版社.

张勇. 2010. 现代化对贵州少数民族文化传承教育的冲击与挑战. 贵州师范学院学报, （12）: 63-67.

章元，李锐，赵娜. 2009. 生育间隔与农村义务教育的实证分析. 中国人口科学，（3）：48-57.

郑金洲. 2000. 教育文化学. 北京：人民教育出版社.

郑新蓉. 2010. 试论语言与文化适宜的基础教育. 民族教育研究，（3）：42-45.

郑真真. 2001. 关于人口流动对农村妇女影响的研究. 妇女研究论丛，（6）：38-41.

中国少数民族社会历史调查资料丛刊修订编辑委员会. 1985. 云南民族民俗和宗教调查. 昆明：云南出版社.

Mackerras C. 2011. 宗教与中国少数民族教育//白杰瑞. 文化•教育与发展：全球化视野下的中国少数民族教育. 滕星，马效义，等，译. 北京：中央民族大学出版社：7，23.

Bauman Z. 1997. Postmodernity and its discontents. New York：New York University Press.

Chen Y B. 2008. Muslim Uyghur Students in a Chinese Boarding School: Social Recapitalization as a Response to Ethnic Integration. New York: Lexington Books.

Chen Y B, Postiglione G A. 2009. Muslim Uyghur Students in a dislocated Chinese boarcling School: bonding social capital as a response to ethnic integration. Race/Ethnicity: Multidisciplinary Global Contexts, 2(2)：287-309.

Durkheim E. 1973. Moral Education：A Study in the Theory and Application of the Sociology of Education. New York：Free Press.

Hansen M H. 1999. Lessons in being Chinese education and ethnic identity in Southwest China. Seattle and London：University of Washington Press：403，404，xi.

Harrell S. 1995. Cultural encounter on China's ethnic frontiers. Seattle：University of Washington Press：4，8.

Harrell S，Bamo Ayi. 1998. Combining ethnic heritage and national unity：A paradox of Nuosu（Yi）Language textbooks in China. Bulletin of Concerned Asain Scholars，30（2）：62-71.

Harrell S，Li XX. 2013a. Cultural Desert，Emotional Oasis//Sarah Turner. Red Stamps and Gold Stars：Fieldwork in Highland Socialist Asia. Vancouver：UBC Press：271.

Harrell S，Rehamo A. 2013b. Education or migrant labor：a new dilemma in China's borderlands. The Asia-Pacific Journal，11（20）.

Hawkins J N. 1983a. Educational Policy and National Minorities in the People's Republic of China：The Politics of Intergroup Relations. New York：Praeger Publishers.

Hawkins J N. 1983b. Education and social change in the People's Republic of China. New York：Praeger Publishers：192.

Heberer T. 1987. Ethnic minorityes and cultural identity in the Pople's Republic of China，with special reference to the yi nationality//Heberer T. Ethnic Minorities in China：Traditioan and Transform. Archen：Rader Verlag.

Hill M A. 2001. Captives，kin，and slaves in xiao Liangshan. The Journal of Asian Studies，Vollo，4：1033-1049.

Lee C J. 1986. China's Korean minority: the politics of ethnic education. Bowlder:Westview Press.

Lin Y. 2007. Ethnicization through schooling：The mainstream discursive repertoires of ethnic minorities. The China Quarterly，192：933-948.

Liu S H. 2011. Passage to manhood：Youth migration，Heroin，and AIDS in Southwest China. Stanford：Stanford University Press.

Mackerras C. 1995. China's minority cultures：Integration and modernization in the twentieth century. Hong Kong：Oxford University Press.

McCarty T L. 2002. A place to be Navajo：Rough rock and the struggle for self-determination in indigenous schooling. New York：Teachers College Press.

Young I M. 1998. Polity and group difference：A critique of the ideal of universal citizenship // Gershon shafi. The Citizenship Debates：A Reader. Minneapolis：University of Minnesota Press：263-290.

Zhu Z Y. 2007. State Schooling and Ethnic Identity：The Politics of a Tibetan Neidi Secondary School in China. Lanham：Lexington books.

后　记

2012 年 8 月 15 日，我带着博士阶段田野调查的资料来到了美国加利福尼亚州，在加利福尼亚大学圣迭戈分校（UCSD）社会学系访学的八个月我完成了博士论文的写作。回国后，我曾多次前往田野点调查研究，对之前的问题进行了持续的关注，并在原有的写作上加入了新的内容。2015 年 8 月，我获得国家留学基金管理委员会博士后项目资助，同年 11 月，我来到了西雅图，在华盛顿大学人类学系学习，并开始了我在美国印第安部落的研究。在此期间，我开始将前后几次调查的资料和写作的书稿进行整理。

从博士阶段的田野到书稿完成，前后经历了大约 6 年时间。本书的成形，首先得益于接受我访谈的彝族人和在当地生活、工作的汉族人，感谢他们向我分享了他们的故事。本书的写作框架也正是从一个个受访的当地人的故事中提炼和梳理而成的，从方法论的视角来看，要了解彝族教育现代化的历史，我们就必须了解彝族人个体的故事，否则，我们就很难了解他们，也很难了解彝族教育现代化的形成过程。同时，从个体故事中，我们才能把某段历史、某项制度分解成为它们的各个组成要素，从而展示这些要素在时间中是怎样相继而生的。不同阶层、性别、职业、年龄群体的彝族人的生命历程与社会结构变迁有着千丝万缕、错综复杂的联系，他们个人的命运沉浮，不仅直观地揭示了彝族教育现代化的运行法则，同时也折射出彝族教育现代化中的矛盾、困境及各因素之间的微妙关系。而对这些矛盾及微妙关系的理论阐释，无疑将开拓和深化我们对彝族教育现代化的全貌和肌理的深刻理解和准确把握。可以这么说没有他们的分享，就没有这本书，他们的故事建构了本书的框架和内容，而我只是做了一些收集、梳理的工作。

感谢在完成本书的进程中对我进行指导的——我的老师郑新蓉教授、Stevan Harrell 教授、Richard Madsen 教授。我在北京师范大学、华盛顿大学和加利福尼亚大学圣迭戈分校学习期间，这三位老师对我的研究进行了悉心的指导。我的博士生导师郑新蓉教授一直以来关注中国少数民族教育发展，她的研究领域涉及中国少数民族地区的双语教育、女童教育、教师培训、课程开发等方面。她在我进入田野之前就开始对我的研究计划进行指导，指导我从全球化、现代化的视角来看待民族教育的问题；每次从田野回学校后，在我和她分享我在田野中的发现和困惑后，老师都会对下一步的研究提出一些建议。我和 Harrell 曾多次一起到凉山进行教育方面的田野调查。自 1993 年以来他就开始关注凉山教育的发展，对当地的政治、文化、经济、教育和生态环境有着较深入的了解。Harrell 教授花了大量的时间对我的书稿进行了逐字逐句的阅读，并指出了文中存有争议的地方，我和他在华盛顿大学人类学系的办公室进行了多次讨论，他对本书的进一步完善提出了非常宝贵的修改意见。同时在他的帮助下，我得以在美国华盛顿州印第安的 Makah 部落进行田野研究。此外，本书得到了 Madsen 教授的帮助。Madsen 在中国进行过田野调查。Madsen 对于中国的农村、宗教都有持续深入的关注与研究，我在访学期间向他请教研究中的一些问题，他给了我非常有帮助的建议。

感谢我的丈夫木格约布。一直以来他对我的生活方式和研究工作给予了最大的包容和支持，他对家庭付出了更多的辛劳，并在田野期间，多次陪同我在乡下调查。

感谢我在小学工作时的同事林勇老师，他逐字逐句阅读了我的书稿，并对错误的标点和语法进行了修改。

感谢给予我帮助的亲人、老师和朋友，谢谢他们一直以来的鼓励和支持。感谢科学出版社的乔宇尚编辑，她为本书的顺利出版付出了很多时间和精力。

在本书即将出版之际，我正在美国华盛顿西北角的 Makah 部落做田野，在这里我将开启一项新的研究。

阿呷热哈莫

2016 年 9 月 3 日

于美国 Makah 部落好友 Deanna 家中